W0174161

»Anthony Robbins hat uns mit den »Erfolgsschritten« wieder auf einer neuen Ebene erreicht. Hier ist eine weitere Chance für uns, jene unserer Mitmenschen zu begeistern, die eine große Tiefe in ihrem Leben suchen, wenn wir nur unsere persönliche Vision das ganze Jahr über im Auge behalten.«

Dr. Deepak Chopra
Sharp Institute for
Human Potential and
Mind Body Medicine

»Wieder einmal hilft uns Anthony Robbins, Zugang zum Besten in uns zu finden, so daß wir beständig jene Ergebnisse erzielen können, die wir uns wünschen. »Erfolgsschritte« ist eine Landkarte zu einem kostbaren Schatz – und dieser Schatz sind wir.«

Jeff Arch, Drehbuchautor von
»Schlaflos in Seattle«

Anthony Robbins

Erfolgsschritte

nach dem Power-Prinzip

Ein kleiner Schritt an jedem Tag
bringt Sie in einem Jahr
zu Ihrem Erfolgsziel

Deutsche Erstausgabe

Wilhelm Heyne Verlag
München

HEYNE ESOTERIK
08/9686

Aus dem Englischen übertragen von Marion Kaminski

Titel der Originalausgabe:
GIANT STEPS
erschienen bei Simon & Schuster, New York

Umwelthinweis:
Dieses Buch wurde auf chlor- und säurefreiem Papier
gedruckt.

Inhalt

Lieber Leser!

Willkommen! Wer auch immer Du sein magst, welchen Erfolg Du in Deinem Leben schon erreicht hast, welche Herausforderung Du gerade meistern willst – ich weiß, daß es Dein Wunsch nach Resultaten ist, der Dich zu diesem Buch geführt hat. Auch ich bin ein Reisender auf diesem Weg, den wir »Leben« nennen, und bewundere Dich für Deine Zielstrebigkeit und Dein Engagement. Ich verspreche, daß Du weit über Deine Erwartungen hinaus belohnt werden wirst, wenn Du mit mir gemeinsam auf den folgenden Seiten alles gibst.

»Erfolgsschritte nach dem Power Prinzip« basiert auf den feinsten Werkzeugen, Techniken und Strategien, die in meinem Spitzen-Bestseller »Awaken the Giant within« (»Das Robbins Power Prinzip – wie Sie Ihre wahren inneren Kräfte sofort einsetzen«) vorgestellt sind. Mein Ziel beim Schreiben von »Erfolgsschritte« ist ein zweifaches: erstens möchte ich Dich anregen und inspirieren, und zweitens möchte ich diese Energie in meßbare Resultate verwandeln, indem ich Dich dazu bringe, beständig einfach Handlungen auszuführen. Zusammen werden Dich diese täglichen Inspirationen und kleinen Handlungen einen gigantischen Schritt in der Qualität Deines Lebens voranbringen.

Dieser Ratgeber ist so gestaltet, daß er leicht in Deinen geschäftigen Alltag paßt. Er hilft Dir, diese Philosophien, Strategien und Techniken in angenehme Happen zu zerlegen, die Du jeden Tag in wenigen Minuten verdauen kannst. Er wird Dich von der schlichten Macht der Entscheidung – ein fundamentaler Schritt bei jeder Veränderung in Deinem Leben – bis zu den etwas spezifischeren, präziseren Werkzeugen führen, die die Qualität Deiner Beziehungen, Deiner Finanzen, Deiner Gesundheit und Deiner Gefühle definieren können.

Nutze dieses Buch als Quelle der Inspiration und des Handelns, indem Du ganze Abschnitte liest (die beste Methode) oder von Kapitel zu Kapitel springst, um die Seiten zu finden, die Dir am besten gefallen. Meine Absicht ist, Dir zu helfen, in kürzester Zeit die besten Ergebnisse zu erzielen – und Dir gleichzeitig ein ganzes Jahr hindurch Information zu liefern.

Doch vor allem lade ich Dich ein und fordere Dich auf, sofort nach dem Lesen zu handeln. Denn schließlich, was nützt die Inspiration, wenn sie nicht durch Taten unterstützt wird?

Ich danke Dir für das Geschenk, mir zu erlauben, diese Fähigkeit mit Dir teilen zu dürfen. Ich hoffe, Du findest etwas auf diesen Seiten, und sei es nur ein einziger Absatz, ein überzeugender Gedanke, eine kraftvolle Idee, etwas, das Dich auf eine ganz spezielle Art voranbringt. Wenn dem so ist, werde ich wirklich glücklich sein.

Ich freue mich darauf, Dich eines Tages persönlich zu treffen.

Bis dahin denke daran:
»Lebe mit Leidenschaft«

Anthony Robbins

1. Abschnitt

Von der Bestimmung träumen

Entscheidungen treffen, Ziele setzen

●

»Nichts geschieht, ohne daß ein Traum vorausgeht ...«

Carl Sandburg

Wir alle haben Träume ... Wir alle möchten tief in unserer Seele daran glauben, daß wir eine spezielle Gabe haben, daß wir etwas bewirken, daß wir andere auf eine besondere Art erreichen und die Welt zum Besseren verändern können.

Wonach strebst Du? Ist es vielleicht ein Traum, den Du vergessen oder schon angefangen hast, aufzugeben? Wenn diese Vision heute lebendig wäre, wie würde Dein Leben aussehen?

Erlaube Dir jetzt, einen Augenblick zu träumen, und denke darüber nach, was Du wirklich aus Deinem Leben machen möchtest!

Nicht das, was wir ab und zu tun, ist es, was zählt, sondern es sind unsere ständigen Handlungen. Und wo liegt der Ursprung aller Handlungen? Was bestimmt schließlich, wer wir werden und wohin wir in unserem Leben gehen? Die Antwort lautet: Unsere Entscheidungen. In diesen Augenblicken wird unsere Bestimmung geformt. Mehr als an alles andere glaube ich daran, daß unsere Entscheidungen – nicht die Bedingungen unseres Lebens – unser Schicksal festlegen.

3

Wer hätte gedacht, daß die Überzeugung eines stillen, bescheidenen Mannes – von Beruf Anwalt und aus Überzeugung Pazifist – die Kraft haben würde, ein großes Reich zu stürzen? Doch Mahatma Gandhis Entscheidung, sein Glaube an die Gewaltlosigkeit als ein Mittel, den Menschen Indiens Kontrolle über ihr eigenes Land zu verschaffen, setzte eine unerwartete Kette von Ereignissen in Gang.

Erkenne die Macht einer einzigen Entscheidung, wenn sofort und mit tiefer Überzeugung danach gehandelt wird. Das Geheimnis ist, sich öffentlich festzulegen, und zwar so kraftvoll, daß Du davon nicht mehr zurücktreten kannst. Während viele dachten, es wäre ein unrealistischer Traum, verwandelte Gandhis beständiges Festhalten an seiner Entscheidung ihn in nicht zu leugnende Realität.

Was kannst Du erreichen, wenn es Dir gelingt, ein solches Maß an Leidenschaft, Überzeugung und Tatendrang aufzubringen, daß Du eine Kraft entwickelst, die nicht mehr zu stoppen ist?

4

Jeder von uns ist mit angeborenen Schätzen ausgestattet, die uns in die Lage versetzen, alles zu erreichen, wovon wir jemals geträumt haben – und mehr.

Eine Entscheidung kann die Schleusen öffnen, kann uns Freude und Leid, Wohlstand und Armut, Kameradschaft oder Einsamkeit bringen, ein langes Leben oder einen frühen Tod.

Ich fordere Dich auf, heute eine Entscheidung zu treffen, die Dein Leben sofort verändern oder seine Qualität verbessern kann. Tue etwas, was Du hinausgeschoben hast ... lerne etwas Neues ... behandle Menschen mit wiedergefundenem Respekt und mit Anteilnahme ... rufe jemanden an, mit dem Du seit Jahren nicht mehr gesprochen hast. Mach Dir klar, daß alle Entscheidungen Konsequenzen haben. Sogar keine Entscheidung zu treffen ist auf eine bestimmte Art eine Entscheidung.

Welche Entscheidungen hast Du getroffen – oder in der Vergangenheit versäumt zu treffen –, die Dein Leben heute stark beeinflussen?

5

1955 traf Rosa Parks die Entscheidung, ein ungerechtes Gesetz, das sie aufgrund ihrer Rasse diskriminierte, zu mißachten. Ihre Weigerung, ihren Platz im Bus freizumachen, wozu sie von Rechts wegen verpflichtet war, hatte Konsequenzen, weit über jene hinaus, deren sie sich in diesem Augenblick bewußt gewesen sein mag. Hatte sie etwa vor, die Struktur einer ganzen Gesellschaft zu verändern? Gleichgültig, was sie beabsichtigte, ihr Festhalten an einem höheren Prinzip zwang sie, zu handeln.

Welche weitreichenden Auswirkungen könnten in Gang gesetzt werden, wenn Du die Normen, die Du in Deinem Leben aufgestellt hast, erhöhst und die echte Entscheidung triffst, heute danach zu leben?

Wir haben alle von Menschen gehört, die weit über die Begrenzungen ihrer Gegebenheiten hinausgewachsen sind, um Beispiele für die unendliche Kraft des menschlichen Geistes zu werden.

Du und ich, wir beide, können unser Leben auch zu einer legendären Inspiration machen, ganz einfach dadurch, daß wir den Mut und das Bewußtsein haben, was auch immer in unserem Leben geschieht, kontrollieren zu können. Auch wenn wir in unserem Leben nicht alle Ereignisse bestimmen können, so können wir doch entscheiden, wie wir darauf reagieren und welche Maßnahmen wir daraus ableiten.

Sollte es etwas geben, worüber Du nicht glücklich bist – in Deinen Beziehungen, mit Deiner Gesundheit, Deiner Karriere, triff eine Entscheidung, in diesem Augenblick, wie Du dies umgehend ändern kannst!

Je mehr Entscheidungen Du triffst, um so besser wirst Du darin, sie zu machen. Muskeln werden durch Gebrauch stärker, genauso verhält es sich mit Deiner Entscheidungskraft.

Triff heute zwei Entscheidungen, die Du aufgeschoben hast – eine einfache und eine, die ein wenig weiter reicht. Mache sofort eine erste Geste, beide zu erfüllen – und folge morgen mit dem nächsten Schritt. Indem Du dies tust, baust Du die Kraft auf, die Dein ganzes Leben verändern kann.

Wir müssen uns verpflichten, von unseren Fehlern zu lernen, statt über sie zu jammern, sonst sind wir dazu verdammt, unsere Irrtümer in Zukunft zu wiederholen. Wenn Du zeitweise zu Boden gehst, erinnere Dich daran, daß es keine Fehler im Leben gibt. Es gibt nur Ergebnisse. Bedenke das Sprichwort: Erfolg ist das Ergebnis einer richtigen Entscheidung – richtige Enscheidungen sind das Ergebnis von Erfahrungen, und Erfahrungen sind oft das Ergebnis falscher Entscheidungen.

Erfolg und Mißerfolg sind normalerweise nicht das Resultat einer einzigen Handlung. Mißerfolg ist das Ergebnis, wenn wir versäumen, den Anruf zu machen ... den weiteren Weg zu gehen ... zu sagen: »Ich liebe Dich!«

In der gleichen Art und Weise, wie diese Kette kleiner Entscheidungen Mißerfolg nach sich zieht, ist Erfolg das Resultat, wenn Du die Initiative ergreifst und »dranbleibst« ... und beständig und deutlich die Tiefe Deiner Liebe zeigst.

10

Die Forschung hat immer wieder gezeigt, daß Erfolgreiche dazu neigen, Entscheidungen schnell zu treffen und nur langsam eine gut durchdachte Haltung revidieren. Umgekehrt entscheiden sich Menschen, die keinen Erfolg haben, nur langsam und ändern ihre Meinung ständig. Hast Du einmal eine vernünftige Entscheidung getroffen, bleibe dabei!

Die eine Hälfte seines Lebens verbrachte er in der Eisernen Lunge, die andere Hälfte in einem Rollstuhl. Mit so vielen persönlichen Schwierigkeiten war er gewiß nicht in der Lage, die Lebensqualität anderer zu verbessern. Oder etwa doch?

Ed Roberts verkörperte die Kraft eines einzigen verpflichtenden Augenblicks der Entscheidung. Er wurde der erste vom Hals abwärts gelähmte Mensch, der an der Universität von Kalifornien, Berkeley, seinen Abschluß machte und zum Direktor des staatlichen Rehabilitationszentrums berufen wurde. Als unermüdlicher Anwalt der Behinderten brachte er das Gesetz durch das allen Menschen freie Entfaltung garantiert, und sorgte mit vielen Neuerungen (Rampen für Rollstuhlfahrer...etc.), dafür, daß diese Gesetze auch erfüllt werden konnten.

Es gibt keine Entschuldigungen. Triff jetzt drei Entscheidungen, die Deine Gesundheit, Deine Karriere, Deine Beziehungen, Dein Leben verändern werden – und handle danach!

Wie verwandelst Du das Unsichtbare in das Sichtbare? Der erste Schritt ist, Deinen Traum genau zu definieren; die einzige Begrenzung für das, was Du erreichen kannst, ist der Grad Deiner Fähigkeit, mit Präzision zu beschreiben, was Du Dir wünscht. Laß uns jetzt anfangen, Deine Träume herauszukristallisieren und in den nächsten Tagen einen Plan zu entwickeln, der sicherstellt, daß Du sie erreichst.

Wir alle haben Ziele, ob wir es wissen oder nicht. Ganz egal wie sie lauten, sie haben eine große Wirkung auf unser Leben. Doch einigen unserer Ziele, wie »Ich muß meine Rechnungen bezahlen«, fehlt jede Inspiration. Das Geheimnis der Freisetzung Deiner wahren Kraft liegt darin, Ziele zu sehen, die so aufregend sind, daß sie Deine Kreativität wirklich anfeuern und Deine Leidenschaft wecken.

Jetzt, in diesem Augenblick, wähle bewußt Deine Ziele. Laß Dir alles einfallen, das es wert ist, verfolgt zu werden. Dann wähle das Ziel, das Dich am meisten reizt, das Dich morgens früh aus dem Bett holt und Dich abends nicht schlafen läßt.

Setz einen Termin fest, an dem Du es erreicht haben willst, und schreibe ein paar Zeilen darüber, warum Du es bis dahin unbedingt vollbracht haben mußt. Ist dieses Ziel anspruchsvoll genug, um Dich herauszufordern? Dich über Deine Begrenzungen zu erheben? Dein wahres Potential freizusetzen?

Hast Du jemals ein neues Kleidungstück oder ein neues Auto gekauft und es dann plötzlich überall gesehen? Bestimmt, es war schon immer da. Aber warum ist es Dir bis zu diesem Zeitpunkt nicht aufgefallen?

Ganz einfach: Ein Teil Deines Gehirnes ist dafür verantwortlich, alle Informationen, bis auf jene, die für Dein Überleben und Deinen Erfolg notwendig sind, auszublenden. So vieles, was Dir helfen könnte, Deine Träume zu erreichen, wird von Dir niemals wahrgenommen oder genutzt, einfach deshalb, weil Du Deine Ziele nicht klar definiert hast (Deinem Gehirn nicht beigebracht hast, was wichtig ist ...) !

In dem Augenblick, in dem Du dies tust, aktivierst Du Dein Retikuläres Aktivierungssystem (RAS). Dieser Teil Deines Geistes wird nun wie ein Magnet jede Gelegenheit und jede Information anziehen, die Dir helfen kann, Deine Ziele schneller zu erreichen.

Diesen kraftvollen, neurologischen Schalter auszulösen kann Dein Leben buchstäblich im Verlauf einiger Tage oder Wochen verändern.

15

Richtlinien zur Zielsetzung (Programmiere Dein RAS):

1. Verpflichte Dich jetzt, für die nächsten vier Tage jeden Tag zehn Minuten damit zu verbringen, Ziele zu setzen. (Anmerkung: Notiere diese Ziele laufend in einem festgebundenen Heft).
2. Während Du an den Zielsetzungsübungen arbeitest, frage Dich ständig: »Was würde ich für mein Leben gerne haben, wenn ich wüßte, ich könnte es genauso bekommen, wie ich es wollte? Was würde ich tun, wenn ich wüßte, ich kann nicht versagen?«
3. Hab Spaß dabei! Stell Dir vor, Du wärest wieder ein Kind. Du bist am Heiligen Abend in einem Kaufhaus, bereit, dem Weihnachtsmann auf den Knien zu sitzen. (Weißt Du noch, wie das war?)

In diesem Zustand verheißungsvoller Erwartung ist nichts zu groß, um nicht darum zu bitten, nichts zu teuer, alles ist greifbar nahe ....

16

Erster Tag:
Persönlichkeitsbildende Ziele

Dein Gefühl persönlichen Wohlbefindens und Wachstums ist die Grundlage jeder anderen Leistung in Deinem Leben.

1. Nimm Dir fünf Minuten Zeit, um alle Möglichkeiten zu bedenken:
   Was würdest Du gerne lernen? Welche Fähigkeiten möchtest Du beherrschen? Welche Charaktereigenschaften würdest Du gerne entwickeln?
   Wer wären Deine Freunde? Wer würdest Du sein?
2. Setze für jedes Deiner Ziele eine Zeitspanne fest (6 Monate, 1 Jahr, 5 Jahre, 10 Jahre, 20 Jahre), in der Du es erreichen willst.
3. Markiere Dein wichtigstes 1-Jahres-Ziel.
4. Schreibe innerhalb von zwei Minuten einen kurzen Absatz, in dem Du darlegst, warum Du absolut verpflichtet bist, dieses Ziel innerhalb des nächsten Jahres zu erreichen.

17

Zweiter Tag:
Karriere-, Geschäfts- und wirtschaftliche Ziele

Ob Du anstrebst, an der Spitze Deines Berufes zu stehen und Millionen anzuhäufen, oder ob Du als Berufsstudent einen Schatz an Wissen erwerben möchtest – jetzt hast Du die Chance, herauszufinden, was zählt:

1. Nimm Dir fünf Minuten Zeit und laß Dir alle Möglichkeiten durch den Kopf gehen: Wieviel Geld möchtest Du anhäufen? Was wünschst Du Dir mit Deiner Karriere/Firma zu erreichen? Wieviel möchtest Du jährlich verdienen?
Welche finanziellen Entscheidungen mußt Du dafür treffen?
2. Setze jedem Deiner Ziele ein Zeitlimit (6 Monate, 1 Jahr, 5 Jahre, 10 Jahre, 20 Jahre), um es zu erreichen.
3. Markiere Dein wichtigstes 1-Jahres-Ziel.
4. Schreibe in zwei Minuten einen kurzen Absatz, in dem Du festhältst, warum Du absolut verpflichtet bist, dieses Ziel innerhalb des nächsten Jahres zu erreichen.

18

Dritter Tag:
Lifestyle- und Freizeitziele

Wenn Du keine finanziellen Einschränkungen hättest, was würdest Du gerne besitzen oder erleben? Wenn jetzt plötzlich ein guter Geist vor Dir stehen würde, der nur darauf wartet, jedem Deiner Befehle zu gehorchen, was würdest Du Dir wünschen?

1. Nimm Dir fünf Minuten Zeit, um Dir alle Möglichkeiten durch den Kopf gehen zu lassen:
   Was würdest Du gerne bauen oder kaufen? Welche Veranstaltungen würdest Du gerne besuchen? Welche Abenteuer würdest Du gerne erleben?
2. Setze für jedes Deiner Ziele eine Zeitspanne fest (6 Monate, 1 Jahr, 5 Jahre, 10 Jahre, 20 Jahre), in der Du es verwirklichst.
3. Markiere Dein wichtigstes 1-Jahres-Ziel.
4. Schreibe in zwei Minuten einen kurzen Absatz, in dem Du festhältst, warum Du absolut verpflichtet bist, dieses Ziel innerhalb des nächsten Jahres zu erreichen.

19

Vierter Tag:
Helfen und gestalten – Ziele
für andere erreichen

Dies ist Deine Chance, ein Zeichen zu setzen, das das Leben anderer Menschen wirklich verändern kann.

1. Nimm Dir fünf Minuten Zeit und laß Dir alle Möglichkeiten durch den Kopf gehen:
   Auf welche Art kannst Du dazu beitragen? Wem oder welcher Sache kannst Du helfen? Was kannst Du Dir ausdenken?
2. Lege für jedes Deiner Ziele eine Zeitspanne fest (6 Monate, 1 Jahr, 5 Jahre, 10 Jahre, 20 Jahre), in der Du es verwirklichst.
3. Markiere Dein wichtigstes 1-Jahres-Ziel.
4. Schreibe in zwei Minuten einen kurzen Absatz, in dem Du festhältst, warum Du absolut verpflichtet bist, dieses Ziel innerhalb des nächsten Jahres zu erreichen.

Verlasse nie den »Bauplatz« eines Zieles, ohne daß Du vorher etwas Positives in Richtung »Fertigstellung« getan hast. Nimm Dir jetzt einen Moment Zeit, den ersten Schritt zu definieren, den Du tun mußt, um Dein Ziel zu erreichen. Was kannst Du heute tun, um Dich weiter voranzubringen? Sogar der kleinste Schritt – ein Telefonanruf, eine Zusage, einen Ausgangsplan entwerfen, wird Dich Deinem Ziele näher bringen. Dann stelle eine Liste mit einfachen Dingen auf, die Du für die nächsten 10 Tage jeden Tag tun kannst. Diese zehn Tage, in denen Du eine Reihe von Gewohnheiten und eine Antriebskraft, die nicht mehr zu stoppen ist, entwickelst, werden Deinen Langzeit-Erfolg sichern! Fang jetzt an!

Wie würdest Du Dich fühlen, wenn Du in genau einem Jahr all Deine Ziele entweder beherrschst oder sie erreicht hast? Welche Meinung hättest Du von Dir? Welche Meinung hättest Du von Deinem Leben? Wenn Du diese Fragen beantwortest, wirst Du überzeugende Gründe entwickeln, um Deine Ziele zu erreichen.

Wenn Dein »Warum« stark genug ist, wirst Du immer ein »Wie« finden!

22

Das Geheimnis, das Dir hilft, Deine Ziele zu erreichen, ist die mentale Konditionierung. Bringe Deine Ziele dort an, wo Du sie ganz bestimmt jeden Tag sehen wirst: In Deinem Tagebuch, auf Deinem Schreibtisch, in der Brieftasche oder über Deinem Badezimmerspiegel, so daß Du sie ansehen kannst, während Du Dich rasierst oder Dein Make-up aufträgst. Denke daran: Die Richtung, in die Du ständig denkst und die Du fokussierst, in diese Richtung bewegst Du Dich. Dies ist ein einfacher, aber wichtiger Weg, Dein RAS für den Erfolg zu programmieren.

Wenn Dein erster Versuch, Deine Ziele zu erreichen, Dir vergeblich vorkommt, sollst Du weitermarschieren und etwas anderes machen? Unter keinen Umständen!

Beständigkeit stellt sogar das Talent, als wertvolle Ressource bei der Gestaltung der Qualität Deines Lebens, in den Schatten. Schließlich hat noch nie jemand ein Ziel allein dadurch erreicht, daß er nur daran interessiert war, es zu erreichen. Man muß engagiert sein! Könnte es nicht sein, daß kurzzeitiges »Versagen« Dich in Wirklichkeit mit den nötigen Einsichten und Fähigkeiten ausstattet, die Du brauchst, um in der Zukunft sogar größeren Erfolg zu erzielen? Aber sicher!

Wenn Du nun auf Deine »unerfolgreichen« Versuche in der Vergangenheit zurückblickst, was hast Du gelernt? Wie kannst Du diese Einsichten nutzen, um Erfolg zu haben, jetzt und in Zukunft?

Alle Menschen, die erfolgreich sind, haben bewußt oder unbewußt dieselbe Formel für Erfolg. Nutze diese vier einfachen Schritte, um zu erreichen, was immer Du Dir wünscht.

Die ultimative Erfolgsformel:

1. Bestimme, was Du willst (Sei präzise! Klartext ist Kraft!)!
2. Handle! (Weil Wünschen allein nicht genügt.)
3. Achte darauf, was funktioniert und was nicht. (Du willst doch nicht damit fortfahren, Energie in einen Ansatz zu stecken, der wertlos ist.)
4. Ändere Deinen Zugang, bis Du erreichst, was Du willst. (Flexibilität gibt Dir die Power, einen neuen Zugang und ein neues Resultat zu schaffen.)

Beim Streben nach unseren Zielen setzen wir oft weitreichende Konsequenzen in Gang. Denkt die Honigbiene darüber nach, wie man Blumen verbreitet? Nein, aber während sie süßen Nektar sucht, sammelt die Biene unwissentlich Blütenstaub an ihren Beinen an, fliegt zur nächsten Blume und setzt so eine wundersame Kettenreaktion in Gang.

Auf dieselbe Art hat Dein Streben nach würdigen Zielen möglicherweise zu unvorhergesehenem Nutzen für andere geführt. Vielleicht war es die einfache Entscheidung, einmal im Monat einen alten Freund anzurufen, die zu allen möglichen Vorteilen, die Du wirklich nicht vorhersehen konntest, geführt hat.

Auf wieviele Arten werden andere Menschen von Deinen heutigen Anstrengungen profitieren?

Der wahre Zweck eines Zieles ist, was es aus Dir als Menschen macht, während Du nach ihm strebst. Das, was Du als Person sein wirst, ist die ultimative Belohnung.

Nimm Dir einen Augenblick Zeit, um in einem kurzen Abschnitt alle Charakterzüge, Fähigkeiten, Haltungen und Glaubenssätze festzuhalten, die Du entwickeln mußt, um all Deine Ziele zu erreichen.

Schiebe Freude und Glück nicht auf. Für viele Menschen bedeutet Zielsetzung, daß sie erst dann fähig sind, das Leben zu genießen, wenn sie etwas Großes erreicht haben. Es gibt einen großen Unterschied zwischen dem Erreichen, um glücklich zu sein, und dem glücklichen Erreichen. Bemühe Dich, jeden Tag so intensiv wie möglich zu leben, presse aus jedem Augenblick soviel Freude, wie Du kannst. Statt den Wert Deines Lebens danach zu messen, welchen Fortschritt Du in Bezug auf ein einziges Ziel gemacht hast, erinnere dich, daß die Richtung, die Du eingeschlagen hast, wichtiger ist als zeitweilige Resultate.

Wohin führt Dich Deine derzeitige Richtung? Bewegst Du Dich auf Deine Ziele zu oder entfernst Du Dich von ihnen? Mußt Du vielleicht eine Kurskorrektur vornehmen? Genießt Du Dein Leben so intensiv wie möglich? Wenn nicht, ändere sofort etwas auf einem dieser Gebiete.

Wie oft hast Du die Klage gehört: »Ist das etwa alles?«

Die Apollo-Astronauten, die sich beinahe ihr ganzes Leben auf ihre Mondlandung vorbereitet hatten, waren im historischen Augenblick des Ruhms euphorisch, doch nach ihrer Rückkehr zur Erde wurden einige schrecklich depressiv. Was blieb ihnen, worauf sie sich noch freuen konnten? Welches Ziel konnte größer sein, als es bis zum Mond zu schaffen, den Weltraum zu erforschen? Vielleicht liegt die Antwort in der Erforschung eines gleichermaßen unerkundeten Gebietes: dem inneren Raum des Geistes und des Herzens.

Wir alle brauchen ein ununterbrochenes Gefühl des emotionalen und spirituellen Wachsens; dies ist das Futter, mit dem sich unsere Seele entwickelt. Deshalb beginne auf alle Fälle (noch während Du Dich den Zielen, die Du verfolgst, näherst) damit, Dir sofort eine neue herausfordernde Zukunft zu entwerfen.

Was ist das ultimative Ziel? Vielleicht danach zu streben, etwas allgemein Wertvolles zu geben. Einen Weg zu finden, anderen zu helfen – denen, um die wir uns wirklich sorgen – kann uns ein Leben lang inspirieren. Es gibt immer einen Platz auf der Welt für jene, die bereit sind, ihre Zeit, Energie, ihr Kapital, ihre Kreativität und ihr Engagement zu geben.

Welche einfache Gefälligkeit kannst Du heute einem anderen Menschen tun? Entscheide Dich jetzt, handle und genieße, wie Du Dich dabei fühlst.

Der Komiker Georg Burns versteht, wie wichtig es ist, sich auf etwas zu freuen. Seine Lebensphilosophie zusammenfassend sagte er: »Du mußt etwas haben, was Dich aus dem Bett treibt. Ich jedenfalls kann im Bett nichts erledigen. Die wichtigste Sache ist, eine Aufgabe zu haben, eine Richtung, in die Du strebst.«

Jetzt, in seinen 90ern, schärft er noch immer seinen Verstand, nimmt noch Film- und Fernsehprojekte an und hat sich im Jahr 2000 zu einer Vorstellung im Londoner Palladium engagieren lassen – er wird dann 104 Jahre alt sein! Ist das eine Art, eine zwingende Zukunft zu entwerfen?

Die meisten Leute überschätzen, was sie in einem Jahr tun können, und unterschätzen, was sie in einem Jahrzehnt zu leisten vermögen. Was wirst Du in genau zehn Jahren tun?

Denke an etwas, was Du heute genießt oder erlebst und das einst nichts weiter als ein Ziel war. Viele Hindernisse mögen sich Dir bei Deinem Streben, es zu erreichen, in den Weg gestellt haben, doch heute ist es ein Teil Deines Lebens. Während Du Deinen neuen Träumen folgst und neuen Hindernissen gegenüberstehst, erinnere Dich:

Du hast dies alles schon einmal durchgemacht und hast es geschafft!

Der menschliche Geist ist wirklich unbezwingbar. Der Wille zu siegen, der Wille es zu schaffen, das eigene Leben selbst zu gestalten, die Kontrolle zu übernehmen, kann aber nur nutzbar gemacht werden, wenn Du bestimmst, was Du willst, und daran glaubst, daß keine Herausforderung, kein Problem, kein Hindernis Dich davon abhalten kann. Hindernisse sind nichts weiter als ein Aufruf, Deinen Entschluß, Deine würdigen Ziele zu erreichen, zu stärken.

2. Abschnitt

Wie Du bekommst,
was Du wirklich willst.

Schmerz / Freude
und der mentale Zustand

●

»Jeder große und beherrschende
Augenblick in den Annalen der Welt,
ist ein Triumph des Enthusiasmus.«

Ralph Waldo Emerson

Um zu bekommen, was Du willst, mußt Du herausfinden, was Dich davon abhält zu handeln. Denke an etwas, das Du bis zur letzten Minute vermeidest: Deine Steuererklärung zum Beispiel. Stimmt es nicht, daß Du sie hinausschiebst, einfach um den Augenblick des Schmerzes zu vermeiden, daß Du dafür aber später um so größere Schmerzen kriegst?

Unser Hinauszögern verschwindet, weil wir schnell den Glauben (die Assoziation in unserem Geist) an das ändern, was uns Freude oder Schmerz bringen wird. Plötzlich ist es viel schmerzhafter, nicht zu handeln, als es einfach zu tun.

Wie kannst Du dies nutzen, um Dein Leben zu ändern?

Anstatt Dich in Zukunft zu fragen, »Wie kann ich es vermeiden, diese schmerzhafte Aufgabe zu erledigen«, frage: »Wenn ich jetzt nicht handle, was wird mich das schließlich kosten?«

Schmerz kann Dein Freund sein, wenn Du ihn effektiv nutzt.

Sind wir nur Tiere, die wie die Pawlowschen Hunde auf Bestrafung und Belohnung reagieren? Natürlich nicht. Eines der Wunder des Menschseins ist, daß wir entscheiden können, was uns Leid und Freude bereitet.

Zum Beispiel kann jemand, der sich im Hungerstreik befindet, physische Schmerzen erleiden, diese Erfahrung aber in eine moralische Freude umwandeln, indem er sich auf die positive Auswirkung konzentriert, die dadurch entstehen kann, daß es ihm so gelingt, die Aufmerksamkeit der Welt auf eine würdige Sache zu lenken.

Jeder von uns hat die Kraft der Wahl. Das Geheimnis des Erfolges bedeutet zu lernen, wie man Schmerz und Freude zu seinem Vorteil nutzt.

Gibt es ein Gebiet in Deinem Leben, auf dem Du unnötigen Schmerz erleidest? Reagierst Du vielleicht eher, als daß Du bewußt wählst? Wie kannst Du Deinen Blickwinkel ändern und ein anschließend schmerzhaftes Ereignis in eine angenehme Gelegenheit zu wachsen, zu lernen und anderen zu helfen verwandeln?

Was Du mit Schmerz und was Du mit Freude assoziierst, formt Dein Schicksal. Jeder von uns hat ein einzigartiges Muster von Verhaltensweisen erlernt und angenommen, das uns aus dem Schmerz heraus und in Freude hinein bringt. Einige Menschen tun dies, indem sie trinken, rauchen, zuviel essen oder andere beschimpfen. Andere tun es, indem sie Sport treiben, reden, lernen, jemandem helfen oder auf irgendeine Art und Weise Dinge verändern.

Welche Verhaltensweisen vermeiden bei Dir Schmerz, und welche lösen Freude aus? Haben sie bis jetzt Dein Leben geformt? Stelle eine Liste Deiner Strategien auf. Wenn Du Dich besser fühlen möchtest, stellst Du den Fernseher an? Zündest eine Zigarette an? Gehst schlafen? Gibt es etwa positivere Wege, Dich vom Schmerz zu entfernen und auf Freude zuzugehen?

Bei den meisten Menschen ist die Angst vor Verlust viel größer als ihr Verlangen, etwas hinzuzubekommen. Die meisten würden viel härter arbeiten, um das, was sie haben, zu behalten, als die notwendigen Risiken auf sich zu nehmen, um ihre Träume zu verwirklichen.

Was würde Dich mehr antreiben?

Jemanden davon abzuhalten, Dir DM 100.000,–, die Du in den vergangenen fünf Jahren verdient hast, zu stehlen, oder auf eine Gelegenheit zu reagieren, in den nächsten fünf Jahren DM 100.000,– zu verdienen?

Oft, wenn wir in anderen »Größe« sehen, nehmen wir an, sie wären einfach glücklicher, mit besonderen Gaben ausgestattet. In Wirklichkeit haben sie ihre menschlichen Ressourcen tiefer ausgeschöpft, einfach, weil es für sie der ultimative Schmerz gewesen wäre, dies nicht zu tun und nicht alles zu geben, was sie haben.

Das selbstlose Leben von Mutter Theresa wird zum Beispiel von der klaren Verbindung getrieben, die sie zwischen dem Schmerz anderer und ihrem eigenen macht. Dies veranlaßt sie, jedem, der irgendwo in der Welt leidet, zu helfen. Ihre größte Freude ist, deren Schmerzen zu lindern. (Aber, wie wir später erkunden werden, war dies nicht immer so.)

Was bereitet Dir die größten Schmerzen und die größte Freude, und wie beeinflußt dies heute Dein Leben?

Gemischte Gefühle sind der Hintergrund der meisten Strukturen von Selbstsabotage, und sie begrenzen sicherlich das Maß an Freude und Erfolg, das man im Leben erfahren kann.

Zum Beispiel sagen die Leute oft, sie würden gern mehr Geld verdienen.

Bestimmt haben sie den Einfallsreichtum und die Intelligenz, um herauszufinden, wie sie dies erreichen können. Was sie zurückhält, sind gemischte Gefühle oder gemischte Assoziationen. Sie glauben vielleicht, daß Reichtümer anzuhäufen ihnen mehr Freiheit, mehr Sicherheit und Möglichkeiten bringen würde, denen, die sie lieben, zu helfen. Gleichzeitig assoziieren sie aber »Mehr-als-genug-Geld-haben« mit Verschwendung, denken, es sei oberflächlich und manipulativ.

Wenn Du Dich dabei ertappst, daß Du zwei Schritte vorwärts und einen zurück gehst, liegt dies garantiert daran, daß Du gemischte Assoziationen hast, d.h., Du assoziierst das Erreichen Deines Zieles mit beidem – mit Schmerz und mit Freude.

Hast Du gemischte Assoziationen, die Dein Leben beeinflussen?

Gibt es einen Bereich in Deinem Leben, den Du gern meßbar verbessern möchtest – wie Deine Finanzen oder Beziehungen –, aber irgend etwas scheint Dich zurückzuhalten?

Schreibe Deine Antwort auf ein Stück Papier und ziehe in der Mitte der Seite einen Strich. Liste auf der linken Seite all die negativen Gefühle auf, die Du damit in Verbindung bringst, auf der rechten die positiven.

Gibt es mehr Minus- als Plus-Punkte? Gibt es eine negative Assoziation, die mehr wiegt als alle positiven zusammen? Drückt das Ungleichgewicht die Resultate aus, die Du bis heute zustande gebracht hast?

Unter dem strahlenden Licht bewußter, gründlicher Prüfung verlieren negative Assoziationen häufig ihre Macht über Dich; Wachsamkeit ist daher der erste Schritt.

Hattest Du jemals das Gefühl, Du erntest Schmerz, ganz gleich, was Du tust? Zum Beispiel haben Menschen manchmal das Gefühl, wenn sie in einer Beziehung bleiben, werden sie unglücklich sein, aber wenn sie gehen, sind sie allein .... und noch unglücklicher! Am Ende tun sie deswegen nichts und sind unglücklich!

Statt Dich gefangen zu fühlen, nutze Deinen Schmerz als Deinen stärksten Verbündeten. Stell Dir vor, was Du in der Vergangenheit erfahren hast und was Du jetzt erfährst. Fühle den Schmerz mit solch emotionaler Intensität, daß er Dir die Kraft gibt, schlußendlich etwas dagegen zu tun. Wir nennen dies »eine emotionale Schwelle erreichen«. Anstatt passiv auf dieses unausweichliche Gefühl zu warten, warum es nicht bewußt und aktiv auf eine Art produzieren, die Dich dazu motiviert, Dein Leben von heute an zu verbessern?

Willenskraft allein funktioniert nicht – jedenfalls nicht auf lange Zeit. Hast Du jemals die Erfahrung gemacht, an eine emotionale Schwelle zu kommen, sagen wir mit Deinem Körper, wenn Du »genug« hattest? Was hast Du getan? Vielleicht hast Du Dich selbst verleugnet, die willensmäßige Strategie einer Diät angewandt. Aber jedes Resultat, das Du erzielt hast, war natürlich kurzlebig, denn Dir das Essen zu versagen ist immer schmerzhaft, und Dein Gehirn wird Dir nicht erlauben, ununterbrochen Schmerz zu spüren, solange es eine Alternative gibt.

So, wie mag die Lösung aussehen? Anstatt Deine natürlichen Instinkte zu bekämpfen, verändere einfach, was Du mit Lebensmitteln assoziierst, und zwar solange, bis Du Schmerz in dieses Muster eingebaut hast. Erinnere Dich ständig an die negativen Gefühle, die Du spürst, wenn Du zuviel gegessen hast. Mach das Zuviel-Essen schmerzhaft und trainiere das Lustvolle – und Du wirst unwiderstehlich zu den richtigen Dingen hingezogen werden.

Eine meiner Definitionen von Erfolg ist die, das Leben auf eine Art und Weise zu leben, die dazu führt, ständig sehr viel Freude und nur sehr wenig Schmerz zu fühlen. Durch diesen Lebensstil sorgst Du auch dafür, daß die Menschen um Dich herum ständig ebenfalls viel mehr Freude und nur sehr wenig Schmerz spüren. Um dies zu erreichen, müssen wir wachsen und andere teilhaben lassen.

Wie erfolgreich bist Du – gemessen an dieser Definition? Was kannst Du heute tun, um mehr Freude zu haben oder den Menschen um Dich herum noch mehr zu geben?

Aufschieben ist einer der alltäglichsten Wege, um Schmerz zu vermeiden. Aber normalerweise bereitest Du Dir selbst später nur noch größere Schmerzen, wenn Du versäumst, rechtzeitig zu handeln.

Welche vier Handlungen hast Du vor Dir hergeschoben, die heute Deine Aufmerksamkeit erfordern? Mache eine Liste, dann beantworte die folgenden Fragen:

1. Warum habe ich dies noch nicht erledigt? Welchen Schmerz habe ich in der Vergangenheit damit verbunden?
2. Welches Vergnügen habe ich in der Vergangenheit dadurch gehabt, mir dieses negative Muster zu erlauben?
3. Was wird es mich kosten, wenn ich mich jetzt nicht ändere? Wie fühle ich mich, wenn ich daran denke?
4. Welches Vergnügen werde ich spüren, wenn ich jede dieser Handlungen gleich vornehme?

Hast Du jemals etwas getan und hinterher gedacht: »Wie konnte ich nur? Das war so dumm!« Umgekehrt, hast Du jemals etwas getan und dann gedacht: »Das war erstaunlich! Wie hab' ich das nur hingekriegt? Ich bin beeindruckt!«

Was bestimmt den Unterschied, ob wir miserabel handeln oder brillant? Selten beruht er nur auf unseren Fähigkeiten. Statt dessen ist es der Zustand Deines Geistes und/oder Körpers, der in jedem Augenblick bestimmt, wie Du denkst, fühlst, Dich benimmst und was Du leistest. Wenn Du das Geheimnis kennst, Zugang zu Deinen kraftvollsten, geistigen und emotionalen Zuständen zu finden, kannst Du buchstäblich Wunder wirken. Im richtigen Geisteszustand fließen Ideen und Fähigkeiten auf scheinbar mühelose Art und Weise.

Was könntest Du erreichen, wenn Du jeden Tag in einem Top-Zustand leben würdest?

Uns wurde allen ein Wechsel auf das Gute ausgestellt. Uns wurde beigebracht, daß wir eines Tages, wenn all die richtigen Dinge geschehen, endlich glücklich sein werden. Wenn wir den idealen Partner finden ... wenn wir genug Geld verdienen ... wenn unser Körper perfekt ist ... wenn wir Kinder haben ... wenn wir in den Ruhestand gehen ...

Die Wahrheit lautet, daß das, was Du bekommst, Dich nicht glücklich machen wird, doch zu lernen, wie Du augenblicklich den Zustand Deines Geistes ändern kannst, wird es geschehen lassen. Warum wünschst du Dir diese Dinge? Ist es denn nicht so, daß Du glaubst, der ideale Partner, Kinder, Geld, usw. werden dafür sorgen, daß Du Dich besser fühlst? Aber, wenn wir schließlich diese Dinge, nach denen wir streben, haben, wer sorgt dafür, daß wir uns gut fühlen? Wir selbst!

Warum also warten? Tu es sofort!

Weißt Du, was Du tun mußt, um Dich gut zu
fühlen? Wenn Du Dich jetzt vollkommen
glücklich, angeregt und ekstatisch fühlen
möchtest, könntest Du es? Wetten daß?
Ändere Deinen Blickwinkel, Deinen Fokus.

Erinnerst Du Dich an eine Zeit, als Du
Dich absolut »spitze« gefühlt hast? Male Dir
das in allen Einzelheiten aus ... höre die
Geräusche, die Dich umgeben ... fühle Deinen Puls! Atme, wie Du geatmet hast, probiere denselben Gesichtsausdruck, bewege
Deinen Körper genauso, wie Du ihn dabei
bewegt hast. Fühlst Du wenigstens einen
Hauch Deiner damaligen Freude? Ist es
möglich, daß Du Dich genauso fühlen
kannst, wann immer Du möchtest?

46

Es gibt unbegrenzte Möglichkeiten, die Dinge im Leben wahrzunehmen und zu erfahren. Jedes Gefühl ist in jedem Augenblick verfügbar – alles, was Du tun mußt, ist den richtigen Kanal einzustellen. Aber wie? Es gibt zwei Möglichkeiten, Deinen emotionalen Zustand zu verändern. Die erste ist, Deinen mentalen Fokus zu wechseln.

Denke an eine der kostbarsten Erinnerungen Deines Lebens. Während Du Dich jetzt daran erinnerst, wie fühlst Du Dich dabei? Was könntest Du noch fokussieren, um Dich großartig zu fühlen?

Morgen werden wir die zweite Möglichkeit untersuchen, mit der Du Deinen emotionalen Zustand sofort verändern kannst.

Den Fokus zu wechseln ist nur eine Deiner Möglichkeiten, Deinen Gefühlszustand zu ändern. Ein schnellerer, kraftvollerer Weg ist der, Deinen Körper zu nutzen, Deine Physiologie. Ein Beispiel: Die meisten Menschen trinken Alkohol, essen, rauchen oder nehmen Drogen, wenn ihnen nicht gefällt, wie sie sich fühlen. Oder sie nutzen positive Strategien, wie Tanzen, Singen, Sport zu treiben oder Lieben.

Jede Regung, die Du fühlst, hat eine spezielle Physiologie, die zu ihr gehört. Wenn Menschen depressiv sind, wie ist ihre Körperhaltung? Ihre Schultern hängen herab, ihr Atem wird flach, ihre Gesichtszüge sind eingefallen. Doch wenn wir umgekehrt sagen, wir sind glücklich und »oben auf« oder »gut drauf«, dann gehen unsere Schultern nach oben, unser Kopf hoch, wir atmen tief. Wir können diese Veränderungen in unserer Physiologie bewußt befehlen und dadurch den Gefühlszustand herbeiführen, nach dem wir uns sehnen.

48

Wenn Du eine Gewohnheit schaffen möchtest, die Dir auf unerwartete Weise guttun wird, versuche die folgende Übung:

Verpflichte Dich, die nächsten sieben Tage je eine Minute, fünfmal am Tag, vor einem Spiegel nichts weiter zu tun, als von Ohr zu Ohr zu grinsen. Dies mag Dir zuerst sehr dumm vorkommen, aber indem Du diese Übung mehrere Male am Tag wiederholst, wirst Du bewußt Dein Nervensystem anfeuern, Gefühle von Glück, Spontaneität, Humor und ein wenig Verrücktheit freizusetzen. Wichtiger jedoch, Du konditionierst Dich darauf, Dich gut zu fühlene, und entwickelst eine physische Gewohnheit von Glücklichsein. Nimm Dir einen Augenblick Zeit und tu es jetzt – und mach Dir einen Spaß daraus!

Alter ist mehr eine Sache des Fokus und der Physiologie als der Chronologie. Viele Menschen haben auch im Alter immer noch Spannkraft in ihrem Gang und Beweglichkeit in ihren Gedanken.

Ein einfaches Beispiel hierfür finden wir an einem regnerischen Tag. Wenn »alte« Leute eine Pfütze sehen, was tun sie? Sie gehen nicht nur drum herum, sie jammern auch noch die ganze Zeit. Kinder und alle, die im Herzen jung geblieben sind, springen vielleicht mitten hinein, lachen, spritzen herum und freuen sich.

Habe Spaß an den »Pfützen« des Lebens. Lebe mit einem »Hüpfer« in Deinem Gang und einem Lächeln im Gesicht. Mache Heiterkeit, Unbekümmertheit und Verspieltheit zu neuen Prioritäten in Deinem Leben. Du lebst! Du kannst Dich gut fühlen – ohne jeden Grund!

Du kannst Dein Leben auch durch Erweiterung Deiner Gefühlsskala bereichern. Wieviele wiederkehrende Gefühle hast Du im Verlauf einer ganz normalen Woche? Mache eine Liste.

Nun sieh sie Dir durch. Wenn Du weniger als ein Dutzend Gefühle aufgeschrieben hast, füge jene hinzu, die Du liebend gern auf einer konstanteren Basis spüren möchtest. Die meisten Menschen erfahren nur einen Bruchteil all der Gefühle, die ihnen zur Verfügung stünden.

Mache Dir bewußt, daß Du die Spanne der Gefühle allein dadurch erweitern kannst, daß Du Deinen Fokus und Deine Physiologie veränderst.

Suche Dir eine der positiven Emotionen, die Du gerne spüren möchtest, heraus und stelle Dich jetzt genauso hin, wie Du stehen möchtest, wenn Du Dich bereits so fühlst. Bewege Dich, gebärde Dich und sprich in dem Ton, der mit diesem Gefühl einhergeht.

Freue Dich über den sofortigen Wandel Deines Gefühlszustandes!

51

Bist Du jemals in einer Situation gewesen, die Dich vor Ärger verrückt gemacht hat, vor Frustration oder dem Gefühl, niedergedrückt zu werden – doch heute, Jahre später, kannst Du zurückblicken und genau über diese Sache lachen, die Dir soviel ausgemacht hat? Wir haben alle das alte Sprichwort gehört: »Eines Tages wirst Du darauf zurückblicken und darüber lachen.« Einer meiner Lehrer, NLP-Mitbegründer Richard Bandler, fragte einmal: »Warum warten? Warum nicht jetzt darüber lachen?«

Versuch dies noch heute! Lache über etwas, das Du vorher für unglaublich stressig gehalten hast. Hast Du nicht das Gefühl, ein wenig mehr Herr der Situation zu sein?

Hast Du jemals Deinen Partner zu einer bestimmten Zeit zu Hause erwartet, doch er oder sie kam zu spät? Vielleicht hast Du daraus geschlossen, daß Du Deinem Partner nicht soviel bedeutest, daß er pünktlich ist. Vielleicht hast Du befürchtet, daß sich auf dem Heimweg ein Unfall ereignete. Du kannst Dir auch ausgemalt haben, wie Dein Partner irgendwo anhält, um Dir eine Überraschung zu kaufen.

Was immer wir fokussieren, bestimmt, wie wir uns fühlen. Und wie wir uns fühlen – der Zustand unseres Geistes – beeinflußt machtvoll unsere Handlungen und Interaktionen. Bevor Du voreilige Schlüsse ziehst, bedenke alle Möglichkeiten und versuche, Dich auf jene zu fokussieren, die Dir und denjenigen, die Dir am Herzen liegen, Kraft geben.

Eine phantastische Analogie für die Kraft des Fokus sind Autorennen. Wenn Dein Wagen ins Schleudern gerät, starrst Du – in dem Versuch, sie zu meiden – auf die Bande. Aber, wenn Du weiterhin fokussierst, was Du fürchtest, wirst Du genau dort enden! Professionelle Fahrer wissen, daß wir unbewußt in die Richtung unseres Fokus steuern, deshalb – denn ihr Leben steht auf dem Spiel – wenden sie ihren Fokus weg von der Bande und auf die offene Strecke.

Im Alltagsleben fokussieren die meisten Menschen das, was sie nicht wollen, statt auf das, was sie möchten. Wenn Du Deiner Angst widerstehst, Vertrauen entwickelst und Deinen Fokus unter Kontrolle hast, werden Dich Deine Handlungen ganz einfach in die Richtung führen, die Du willst. Laß Deine Angst los und fokussiere von jetzt an, was Du Dir wirklich wünscht und was Du verdienst.

54

Gefühle werden von Bewegungen ausgelöst. Wenn Du das nächstemal dabei bist,
joggen zu gehen, aber eigentlich nicht die
rechte Lust hast, es wirklich zu tun, warum
nicht einfach rausgehen und hüpfen? Hüpfen ist solch eine kraftvolle Möglichkeit, Deine innere Verfassung zu ändern, denn:

1. Es ist ein großartiges Training.
2. Es belastet Deinen Körper weniger als
   Laufen.
3. Du kannst garantiert kein ernstes
   Gesicht dabei machen.
4. Du wirst jeden amüsieren, der vorbei-
   kommt!

Die effektivste Art, Deinen Fokus zu kontrollieren, ist der Gebrauch von Fragen. Auf jede Frage, die Du formulierst, liefert Dein Gehirn eine Antwort. Wenn Du zum Beispiel fragst, »Warum nutzt der oder jener mich aus«, kannst Du gar nicht anders, als zu fokussieren, wie Du beschwindelt wirst, ob es nun wirklich wahr ist oder nicht. Aber, wenn Du stattdessen fragst, »Wie kann ich diese Situation verbessern?«, kannst Du sicher sein, Antworten zu erhalten, die es Dir ermöglichen, positiv zu handeln.

Die Power, die im Stellen der richtigen Fragen liegt, wird uns von einem Jungen gezeigt, der eines Tages von einem groben Kerl aus der 7. Klasse zusammengeschlagen wurde. Rache schwörend, brachte er sich in den Besitz eines Gewehres und spürte seinen Peiniger auf.

Doch gerade in dem Augenblick, in dem er abfeuern wollte, fragte er sich: »Was wird aus mir, wenn ich abdrücke?« Und ein Bild, schmerzlicher als alles andere, kam in seinen Fokus, als er sich ein Leben im Gefängnis vorstellte. Er zielte noch einmal – und schoß stattdessen in einen Baum. Dieser Junge war Bo Jackson.

Ein Wechsel des Fokus, die eine Entscheidung gegen eine andere, den Schmerz gegen die Freude abzuwägen, machte den Unterschied aus, zwischen einem Kind ohne Zukunft und einem Kind, das eine unserer größten Sportlegenden wurde.

Welche lebensverändernden Fragen kannst Du Dir heute stellen?

Hat Dir jemals einer gesagt: Du hast eine strahlende Zukunft? Wie hast Du Dich dabei gefühlt? Was wäre, wenn jemand meinen würde, Deine Zukunft sei dunkel? Oder, jemand ruft, »Dein Entwurf höre sich großartig an«, im Gegensatz zu: »Dein Entwurf schreit nach Verbesserung?« Oder jemand sagt, Dein neuer Mitbewohner mache ihm eine Gänsehaut, statt: »Dein Mitbewohner ist echt cool?«

Der Unterschied liegt nicht nur in den Worten, sondern in den Gefühlen, die sie hervorbringen. Menschen, die von »strahlender« oder »dunker Zukunft« sprechen, agieren auf eine visuelle Art. Sie werden am stärksten von dem beeinflußt, was sie sehen. Andere wiederum werden mehr durch das beeinflußt, was sie hören (hören und schreien sind auditiv). Für wieder andere, sind Gefühle entscheidend dafür, wie sie die Dinge wahrnehmen (Gänsehaut bekommen und »cool« sind kinästhetisch).

Welches dieser Verfahren trifft am häufigsten auf Deinen Fokus zu?

Mit welchen gesunden Möglichkeiten kannst Du Deinen emotionalen Zustand unterstützen, ohne daß Du bei Alkohol, Zigaretten, Freßanfällen, Kreditkartenmißbrauch oder ähnlichen Dingen Zuflucht suchst?

Nimm Dir eine Minute Zeit und bedenke alle Möglichkeiten!

1. Schreibe alle positiven Möglichkeiten auf, die Du im Augenblick nutzt, um sofort schmerzhafte Gefühle durch angenehme zu ersetzen.
2. Füge einige neue Wege hinzu, die Du zwar noch nie ausprobiert hast, von denen Du aber denkst, sie könnten Deinen Zustand genausogut positiv verändern. Hör nicht auf, bevor Du nicht mindestens fünfzehn Ideen, besser noch fünfundzwanzig oder mehr aufgeschrieben hast. Dies ist eine Übung, die Du wahrscheinlich wiederholen möchtest, bis Du Hunderte von gesunden Möglichkeiten entdeckt hast, Deinen emotionalen Zustand zu verändern.

59

Um auf der »hohen Straße« vom Schmerz zur Freude zu reisen, entdecke viele positive Möglichkeiten, um Deine Verfassung zu verbessern. Erwäge einige dieser Strategien:

Sing zu Deiner liebsten Musik ... lies etwas, das Dir Kenntnisse vermittelt, die Du sofort anwenden kannst ... lache über einen lustigen Film oder eine Show ... schwimme einige Bahnen ... teile eine Mahlzeit mit Deiner Familie oder einem Freund ... tanze ... rekle Dich in der warmen Badewanne ... hab' fünf gute Einfälle ... lerne einen Fremden kennen ... erzähl Freunden verrückte Witze, weil Du weißt, sie mögen Dich sowieso ... schreib in Dein Tagebuch ... umarme und küsse Deinen Partner.

Suche Dir eine Möglichkeit aus und probiere sie gleich jetzt!

3. Abschnitt

Die Kraft zu erschaffen, die Kraft zu zerstören.

Glaubenssätze

•

»Es ist der Geist, der Gutes aus Bösem
macht, der elend macht oder glücklich,
reich oder arm!«

Edmund Spenser

Welche Kraft bestimmt darüber, was wir in unserem Leben zu erreichen versuchen oder was wir nicht zu versuchen wagen?

Es sind unsere Glaubenssätze – darüber, was wir zu leisten vermögen, darüber, was möglich oder unmöglich ist, darüber, wer wir sind. In der Kultur Haitis kann der Glaube eines Menschen an die tödliche Kraft des Orakels des Medizinmannes tatsächlich den Tod verursachen. Doch der wahre Killer ist das Gefühl der Unausweichlichkeit – der Glaube –, nicht der Medizinmann.

Hast Du in Deinem eigenen Leben negative Erwartungen aufgebaut? Welche Auswirkungen hat dies auf Dein Leben gehabt? Wie lauten einige der kraftvollsten Glaubenssätze, die Dein Leben positiv geformt haben? Welche neuen, positiven Erwartungen kannst Du für Dich und andere aufstellen?

Lange Zeit glaubte man, daß kein Mensch eine Meile in einer Zeit unter vier Minuten laufen könne – es galt als physisch unmöglich. Roger Bannister erschütterte jedoch diesen Glauben, als er die Meile in 3:59 Minuten lief.

Wie schaffte er das? Vor seinem geistigen Auge visualisierte er seinen Triumph wiederholt so intensiv, daß seine Überzeugung seinem Nervensystem einen unmißverständlichen Befehl gab, und so erzielte er die physischen Resultate, die seinem mentalen Bild entsprachen! Bannisters Schritt folgend und in dem Glauben, daß auch sie es schaffen würden, wiederholten mehrere andere Läufer innerhalb eines Jahres seinen Triumph.

Welche Barriere mußt Du durchbrechen? Was hältst Du heute noch für unmöglich, das nicht nur Dein, sondern auch das Leben der Menschen in Deiner Umgebung verändern würde, wenn Du sicher wärest, daß es möglich sei – und Du es tun würdest?

Wie oft geben die Menschen Ereignissen die Schuld daran, wie ihr Leben verlaufen ist. Doch das, was wirklich unser Leben formt, ist die Bedeutung, die wir den Ereignissen geben.

Da sind zwei Männer, in Vietnam verwundet, gefangengehalten und wiederholt gefoltert. Der eine Mann begeht Selbstmord. Der andere entwickelt einen tieferen Glauben an sich, die Menschheit und seinen Schöpfer, als er ihn jemals zuvor hatte. Heute teilt dieser Mann, Hauptmann Gerald Coffee, seine Geschichte mit uns, um uns daran zu erinnern, daß der menschliche Geist jedes Maß an Schmerz, jedes Hindernis und jedes Problem meistern kann.

Läßt Du oder jemand, den Du kennst, zu, daß vergangene Gegebenheiten das Glück von heute beeinträchtigen? Welche Bedeutung könnten diese Ereignisse jedoch noch haben? Haben sie Dich stärker gemacht? Klüger? Fähig, andere zu beraten, die sich den gleichen Herausforderungen gegenübersehen?

Warum tun Menschen, was sie tun?

Es ist alles eine Sache ihrer Glaubenssätze. So erstaunlich es sich anhört; wenn die Menschen glauben würden, daß das Bohren von Löchern in ihre Köpfe Krankheiten heilen könnte, sie würden es tun (... und haben es getan! ...), gleichgültig, ob dieser Glaube gerechtfertigt ist oder nicht. Glauben sie statt dessen, daß ihr Glück davon abhängt, anderen zu helfen, werden sie dies genauso unbeirrt tun.

Glaubenssätze entscheiden zwischen einem Leben im Elend und einem, das sich durch freudiges Geben auszeichnet. Glaubenssätze trennen einen Mozart von einem Manson, lassen manche zu Helden werden, während andere resignieren und sich fragen, was alles hätte sein können.

Welche Glaubenssätze liegen den Handlungen der Menschen in Deiner Umgebung zugrunde? Welche Glaubenssätze teilst Du mit Deinen Kollegen? Mit Deinen Kindern? Deinen Eltern? Welche weichen voneinander ab?

Jedesmal, wenn Dir etwas geschieht, stellt sich Dein Gehirn zwei Fragen: Bedeutet dies Schmerz oder Freude? Was muß ich jetzt tun, um den Schmerz zu vermeiden oder Freude zu gewinnen? Die Antworten basieren auf Verallgemeinerungen – Überzeugungen – die Du darüber gebildet hast, was zu Schmerz führt und was zur Freude. Während uns solche Abkürzungen erlauben, zu funktionieren, können sie unser Leben gleichzeitig ernsthaft einschränken. Manche Leute zum Beispiel halten sich allgemein für inkompetent, weil sie gelegentlich nicht mithalten können. Unglücklicherweise können Verallgemeinerungen zu »Sich-Selbst-Erfüllenden-Prophezeiungen« werden.

Denke an eine einschränkende Beschreibung, die Du von Dir oder jemand anderen gemacht hast. Hast Du wirklich überzeugende Gründe dafür? Welche Ausnahmen gibt es? Ist es möglich, daß Deine Verallgemeinerung zu verallgemeinernd ist?

Nichts im Leben hat irgendeine Bedeutung, außer der Bedeutung, die wir ihm geben. Eines der Wunder des Menschseins ist unsere Fähigkeit, jedes Ereignis mit einer aufbauenden oder zerstörenden Bedeutung zu versehen.

Manche Menschen haben in der Vergangenheit Schmerz ertragen und entschieden: »Aus diesem Grunde werde ich nie wieder lieben oder Erfüllung finden.« Andere wiederum haben uns die Wandlung gezeigt, die eine aufbauendere Bedeutung schaffen kann: »Weil ich ungerecht behandelt worden bin, werde ich sensibler für die Bedürfnisse anderer sein« oder »weil ich mein Kind verloren habe, werde ich dafür arbeiten, die Welt sicherer zu machen.«

Ganz gleich, was geschieht, wir alle haben die Möglichkeit, Bedeutungen zu schaffen, die uns unterstützen. Revolutioniere Dein Leben, indem Du eine neue Bedeutung für eine vergangene Erfahrung schaffst.

Überzeugungen haben die Kraft zu erschaffen und die Kraft zu zerstören. Wegen ihres erstaunlichen Einflusses auf unser Leben, müssen wir diese drei Schwierigkeiten verstehen:

1. Die meisten von uns entscheiden nicht bewußt, was sie glauben werden.
2. Oft basieren unsere Überzeugungen auf einer falschen Auslegung der Vergangenheit.
3. Haben wir einmal einen Glaubenssatz angenommen, so neigen wir dazu, ihn für das »Evangelium« zu halten, und vergessen, daß er nur eine Ansicht ist.

Hast Du Überzeugungen, die Du für garantiert richtig hältst? Gibt es gegenteilige Überzeugungen, die genauso wahr sein könnten? Wie anders würde Dein Leben sein, wenn Du die entgegengesetzte Sicht einnehmen würdest?

Ein Glaubenssatz ist nicht mehr als ein Gefühl von Gewißheit darüber, was etwas bedeutet. Wenn Du zum Beispiel glaubst, Du seist intelligent, dann ist das mehr als nur eine Idee, Du fühlst mit Gewißheit, daß Du intelligent bist. Woher stammt dieses Gefühl der Gewißheit?

Stell Dir eine Idee wie eine Tischplatte vor. Ohne Beine wird sie nicht unterstützt. Um ein Glaubenssatz zu werden, muß eine Ideen-Tischplatte Beine bekommen. Diese »Gewißheits-Beine« – Referenzen – liefern uns bestätigende Erfahrungen. Wenn Du zum Beispiel glaubst, daß Du intelligent bist, dann hast Du wahrscheinlich die Erfahrung gemacht, daß Du in der Schule gut warst, daß man Dir gesagt hat, Du seiest schlau usw...

Wie auch immer, wir sind nicht auf unsere Vergangenheit als Quelle unserer Gewißheit beschränkt. Wie Roger Bannister können wir unsere Vorstellungskraft nutzen, um Referenzen für – und Gewißheit über – Dinge zu erhalten, die wir erst noch erreichen müssen!

Wir können jede Idee in eine Überzeugung verwandeln, wenn wir nur genug Referenz-Erfahrungen liefern, um sie zu unterstützen. Welche dieser Feststellungen ist wahr?

1. Die Menschen sind im Grunde ehrlich und anständig.
2. Die Menschen sind unehrlich und kümmern sich nur um sich selbst.

Wenn Du wolltest, hättest Du nicht genug Erfahrungen (Referenzen), um den Glaubenssatz zu unterstützen, daß die Menschen im Grunde schlecht sind? Wenn Du andere Erfahrungen fokussierst, kannst Du nicht genauso leicht den Beweis dafür finden, daß die Menschen im Grunde ehrlich sind?

Welcher dieser Glaubenssätze ist nun wirklich wahr? Welchen Glaubenssatz Du auch unterstützt, er ist derjenige, der für Dich wahr sein wird.

Während ein unerschütterliches Gefühl von Gewißheit Dir helfen kann, große Dinge zu erreichen, so hat es auch das Potential, Dich gegenüber jeder Information, die Dein Leben für immer verändern kann, blind sein zu lassen.

Hast Du jemals einen Menschen getroffen, der aus einem Bedürfnis nach Sicherheit heraus, nicht auf neue Ideen hören wollte?

Wenn Du aus den Augen eines anderen einen Blick auf Deine eigenen Glaubenssätze werfen könntest, was würdest Du sehen?

Glaubenssätze steuern unser gesamtes Verhalten. Während einige nur einen Aspekt unseres Lebens beeinflussen, sind andere durchdringender. Zum Beispiel wird ein spezieller Glaube, wie »John ist unehrlich«, Deine Interaktionen mit John beeinflussen, aber zu glauben, »die Menschen sind unehrlich«, wird Auswirkungen weit über eine Beziehung hinaus haben.

Globale Glaubenssätze wie dieser basieren auf einer Verallgemeinerung, die vor langer Zeit unter extremen Bedingungen aufgestellt wurde. Wir mögen sie völlig vergessen haben, doch unbewußt erlauben wir ihr, noch immer unsere Entscheidungsfindung zu beeinflussen.

Der Effekt, den diese Glaubenssätze auf unser Leben haben können, ist unbegrenzt, doch dies muß nicht negativ sein:

Ändere einen globalen Glaubenssatz, und Du veränderst jeden Aspekt Deines Lebens zum Besseren.

Sind einige Glaubenssätz kraftvoller als andere? Absolut. Es gibt drei Ebenen von Gewißheit:

Meinung, Glauben (Überzeugungen),
Verinnerlichung.

Meinungen können leicht verändert werden, sie beruhen auf vorübergehenden Annahmen. Glaubenssätze *(Überzeugungen)* sind viel stärker, weil sie entweder auf vielen Erfahrungen basieren oder auf Erfahrungen, die sehr emotional sind. Trotzdem ist es noch immer möglich, diese Art von Gewißheit durch eine neue Frage zu erschüttern. Eine *Verinnerlichung* andererseits wird von einer so hohen Gefühlsintensität untermauert, daß der Mensch, der an sie glaubt, sich nicht nur sicher ist, sondern geradezu zornig und/oder blind jeder rationalen Diskussion gegenüber wird, sollte die Verinnerlichung jemals in Frage gestellt werden.

Verinnerlichungen können ungeheuere Kraft verleihen oder unglaublich destruktiv wirken. Welche Deiner Glaubenssätze sind Meinungen? Welche liegen Dir mehr am Herzen? Erreichen einige von ihnen die Intensität einer Verinnerlichung?

Wo liegt der Sinn eines Glaubenssatzes? Er leitet unsere Entscheidungsfindung, wie wir schneller den Schmerz vermeiden und die Freude erreichen können. Aufgrund unserer Glaubenssätze müssen wir nicht jedesmal von vorn anfangen, um diese Entscheidungen zu treffen.

Manchmal, in Augenblicken größter Gefahr, größten Schmerzes oder emotionaler Intensität, suchen wir nach Erleichterung in Form eines Glaubenssatzes. Kennst Du zum Beispiel jemanden, der seinen Schmerz über eine verletzende Beziehung in die Verinnerlichung verwandelt hat, er oder sie würde sich niemals mehr verlieben?

Manche Menschen mit Verinnerlichungen widerstehen jeder Information, die das Gegenteil andeuten können, im Extremfall erleiden sie lieber unsagbare Schmerzen – Einsamkeit, Depression, sogar den Tod –, als ihren Glaubenssatz aufzugeben.

Hast Du etwas verinnerlicht? Verleiht es Dir Kraft oder macht es Dich kraftlos?

Durch die Leidenschaft, die sie in uns auslösen, treiben uns Verinnerlichungen dazu, zu handeln. Jemand, der sich um die Rechte der Tiere sorgt, hat einen Glaubenssatz, aber jemand, der jede freie Minute damit zubringt, die Öffentlichkeit leidenschaftlich über Themen wie Labortests und die Konsequenzen einer auf Fleisch aufgebauten Ernährung zu erziehen, hat eine Mission.

Gibt es in Deinem Leben Gebiete, die – hättest Du Deine Überzeugung verinnerlicht – Dir den nötigen Schub geben könnten, jede Art von Hindernis zu überwinden? Kannst Du Dir zum Beispiel vorstellen, daß die unverrückbare Überzeugung, nie zuzulassen, dick zu werden, dazu führen kann, daß Du Dich stets für einen gesunden Ernährungsstil entscheidest? Kannst Du erkennen, wie eine Verinnerlichung, wie »Ich werde immer einen Weg finden, die Dinge zu ändern«, helfen kann, Dich durch die härtesten aller Zeiten zu steuern?

74

Stell Dir die weitreichenden Auswirkungen auf Dein Leben vor, würdest Du nur ein stärkeres Maß an Gewißheit aufbringen, um damit Deine kraftvollen Glaubenssätze zu untermauern!

Nutze die folgende Übung, um dem Grad Deines Engagements einen neuen Schub zu geben:

1. Wähle einen Glaubenssatz aus, den Du auf den Grad einer Verinnerlichung erheben möchtest.
2. Füge neue und stärkere Referenzen diesem Glaubenssatz hinzu. Wenn Du z.B. entschieden hast, nie wieder Fleisch zu essen, sprich mit Menschen, die ein vegetarisches Leben führen, um herauszufinden, wie sich diese Wahl für sie ausgewirkt hat.
3. Entdecke oder entwirf ein »auslösendes« Ereignis, das starke emotionale Intensität hervorruft. Besuche zum Beispiel die Intensivstation eines Krankenhauses, wenn Du geschworen hast, das Rauchen aufzugeben, und beobachte Patienten mit einem Lungenemphysem.
4. Gleichgültig, ob Deine Schritte groß oder klein sind, fange an, nach Deiner tiefen Überzeugung – verinnerlicht – zu handeln.

Die Macht der Glaubenssätze wird an Fallstudien von Menschen mit multipler Persönlichkeitsstörung dramatisch demonstriert. Aufgrund der Stärke ihres Glaubens, der unerschütterlichen Gewißheit, daß sie ein anderer geworden sind, verändert ihr Geist ihre Physiologie in meßbarer und erstaunlicher Weise. Ihre Augen wechseln tatsächlich die Farbe, physische Kennzeichen verschwinden und tauchen wieder auf und sogar Krankheiten wie Diabetes und hoher Blutdruck kommen und gehen. All dies basiert auf dem Glauben des Patienten, welche ihrer Persönlichkeiten – welcher Glaubenssatz – sich gerade manifestiert hat.

Welche Veränderungen sind in Deinem Leben – auf einer weniger sensationellen, doch genauso kraftvollen Ebene – geschehen, als Du einen Glaubenssatz verändert hast?

Was ist das Geheimnis des Erfolges? Oft vermuten wir, es sei Genie. Doch ich glaube, daß wahres Genie die Fähigkeit ist, unsere allerkraftvollsten inneren Ressourcen aufzurufen, einfach dadurch, daß wir uns selbst in den Zustand absoluter Gewißheit versetzen.

Die Karriere des Milliardärs Bill Gates begann, als er als Student an der Harvard Universität versprach, eine Software, die er noch nicht entwickelt hatte, zu liefern – für einen Computer, den er noch nie gesehen hatte. Aufgrund seines Gefühles von Gewißheit (das vollkommen unbegründet war), war er fähig, all die Ressourcen, die er brauchte, um die Software erfolgreich mitzuentwickeln, anzuzapfen und zu beginnen, sein Glück zu machen.

Es ist klar, daß wir auf jedem Gebiet eher erfolgreich sein werden, wenn wir nicht nur engagiert versuchen, ein Ergebnis zu erzielen, sondern absolut sicher sind, daß wir es schaffen werden. Wie oft trainierst Du, dieses kraftspendende Gefühl wahrzunehmen?

Vielleicht drückte es Einstein am besten aus: »*Imagination ist mächtiger als Wissen.*« Wieder und wieder wurde bewiesen, daß unsere Gehirne nicht unterscheiden können, ob wir uns etwas lebhaft vorstellen oder etwas tatsächlich erleben.

Wenn Du dies einmal verstanden hast, kann es Dein Leben verwandeln. Zum Beispiel haben viele Menschen Angst, etwas auszuprobieren, nur, weil sie es vorher noch nie getan haben. Dennoch liegt der wirkliche Ursprung des Erfolges großer Menschen darin, daß sie sich trotz vergangener gegenteiliger Erfahrungen immer wieder vorstellen, wie sie ihre ersehnten Resultate erreichen. Auf diese Art und Weise bilden sie ein Gefühl der Gewißheit, das ihnen den Weg weist, ihr wahres Potential anzuzapfen.

Hast Du ein Ziel, das Dich begeistert, das aber gleichzeitig bedeutet, etwas zu tun, was Du noch nie vorher gemacht hast? Wäre nicht jetzt die richtige Zeit, damit zu beginnen, Dich selbst am Ziel zu sehen?

Die meisten Menschen, die sagen, *»sei realistisch«*, leben in Angst. Häufig sind sie aufgrund vergangener Enttäuschungen und ihrer eigenen wahrgenommenen Versäumnisse ängstlich, wieder im Stich gelassen zu werden.

Die einschränkenden Glaubenssätze, die sie entwickelt haben, um sich zu schützen, zwingen sie zu zögern, vor Risiken zurückzuschrecken und zu vermeiden, ihr Bestes zu geben; konsequenterweise erzielen sie beschränkte Ergebnisse.

Große Anführer sind selten »realistisch«, gemessen am Standard anderer Menschen. Sie sind jedoch umsichtig und intelligent. Mahatma Gandhi glaubte, er könne die Selbstbestimmung für Indien erreichen, indem er sich Großbritannien friedlich und gewaltlos widersetzte, etwas, was noch nie zuvor getan worden war. Er war nicht realistisch, aber er bewies seine Umsicht.

Welche sogenannten realistischen Glaubenssätze solltest Du vermeiden? Wie lauten einige aufregende, neue, unrealistische, aber vollkommen mögliche Erwartungen, die Du akzeptieren kannst?

Wenn Du dabei bist, einen Fehler zu machen, dann ist es oft besser, Dich dahingehend zu irren, daß Du Deine Fähigkeiten überschätzt. Warum? Dein Erfolg kann davon abhängen. Einer der Unterschiede zwischen Optimisten und Pessimisten ist der, daß Pessimisten, nachdem sie eine neue Fähigkeit erlernt haben, ihre Leistungen im allgemeinen richtig einschätzen. Optimisten schätzen ihr Verhalten effektiver ein, als es tatsächlich war.

Das Ergebnis ist, daß Pessimisten aufgeben, weil sie keinen intelligenten Grund sehen, ein fruchtloses Unterfangen weiter zu verfolgen. Die positive Einschätzung der Optimisten jedoch stattet sie mit dem nötigen Rückhalt aus und gibt ihnen den Schwung, weiterzumachen und die Sache schließlich voranzutreiben. Auf diese Art werden anscheinend unrealistische Berechnungen zum Abbild der tatsächlichen Fähigkeit.

Erinnere Dich, daß die Vergangenheit nicht der Zukunft gleicht. Welches ist der erste kleine Schritt, den Du in Richtung Verwirklichung des Traumes machen kannst, den Du einst für unmöglich gehalten hast?

80

Wie wir mit Widrigkeiten umgehen, formt unser Leben mehr als fast alles andere. Erfolgreiche Menschen betrachten Probleme normalerweise als vorübergehend, während Versager in der Regel auch das kleinste Problem als ewig andauernd sehen. Diese zweite Verhaltensweise anzunehmen ist der erste Schritt in jene Falle, die Dr. Martin Seligman *»Erlernte Hilflosigkeit«* nennt, die durch folgende drei Annahmen verursacht wird:

1. Das Problem ist andauernd – statt: es geht vorüber.
2. Das Problem ist allumfassend – statt: es betrifft nur ein Gebiet.
3. Das Problem ist persönlich, Beweis dafür, daß mit mir etwas nicht stimmt – statt: es ist eine Gelegenheit zu lernen.

In den nächsten Tagen werden wir uns auf die »Gegengifte« für diese zermürbenden Glaubenssätze konzentrieren. Für heute erinnere: *»Auch dies wird vorübergehen«*, um dem ersten Glaubenssatz zu kontern. Wenn Du dran bleibst, wirst Du einen Weg finden.

Die Fähigkeit, Probleme in der angemessenen Perspektive zu betrachten, gestattet es dem Erfolgreichen, nicht Opfer des »Es-hat-ja-doch-alles-keinen-Sinn«-Geistes zu werden. Anstatt zu sagen: »Weil ich zuviel gegessen habe, ist mein ganzes Leben verpfuscht« , sagen sie vielleicht: »Ich habe ein kleines Problem mit meinen Eßgewohnheiten«, und fokussieren sich darauf, wie sie ihr Verhalten verbessern können.

Diejenigen hingegen, die glauben, ihr Problem sei allumfassend, malen sich aus, daß sie auf allen Ebenen ein Versager sind, nur weil sie auf einem Gebiet versagt haben – eine Verallgemeinerung, durch die sie sich vollkommen hilflos fühlen.

Um den falschen Glaubenssatz abzubauen, daß ein Problem alles miteinbezieht, mußt Du sofort die Kontrolle über einen Teilaspekt ergreifen. Es spielt keine Rolle, welchen – selbst, wenn Du den geringsten Teil des Problems in Angriff nimmst –, nur beginne jetzt sofort!

82

Optimisten betrachten Mißerfolge als Lern-erfahrungen, als Herausforderung, ihren Ansatz zu modifizieren, Pessimisten nehmen Mißerfolge persönlich, interpretieren sie als Beweis für einen tiefsitzenden Charakterfehler. Weil ihre Identität so eng an das Problem gebunden ist, fühlen sie sich überwältigt. Denn wie können sie ihr ganzes Leben auf einen Schlag ändern?

Vermeide den Glauben, ein Problem sei »persönlich«, um jeden Preis. Fange an, Probleme als wertvolles Feedback zu benutzen, das Dir hilft, einen direkten Weg zu Deiner Bestimmung zu finden, und sei dankbar für diese Geschenke.

Jeder persönliche Durchbruch beginnt mit einem Wechsel der Glaubenssätze. Wie ersetzt Du einschränkende Glaubenssätze? Der effektivste Weg ist, Deinen alten Glaubenssatz zu destabilisieren – Deine Gewißheit zu erschüttern –, indem Du ihn in Frage stellst.

Erinnere Dich daran, daß Dein Gehirn immer versucht, sich vom Schmerz zu entfernen, darum denke an all die negativen Konsequenzen, die dieser Glaubenssatz verursacht hat. Frage Dich:

1. Wenn ich es noch einmal überdenke, was ist tatsächlich verrückt, unlogisch oder dumm an diesem Glaubenssatz?
2. Was hat mich dieser Glaubenssatz bisher gekostet? Wie hat er mich in der Vergangenheit eingeschränkt?
3. Was kann er mich in der Zukunft kosten, wenn ich ihn jetzt nicht verändere?

Diese Fragen zu beantworten wird Dir helfen, schmerzhafte Gefühle mit dem alten, unerwünschten Glaubenssatz zu assoziieren, und Dir die Gelegenheit geben, ihn durch einen unterstützenden zu ersetzen.

Die einzige wahre Sicherheit im Leben kommt aus dem Wissen, daß Du an jedem einzelnen Tag Dich selbst auf irgendeine Weise verbesserst. Ich sorge mich nicht darum, wie ich die Qualität meines Lebens erhalten kann, denn ich arbeite jeden Tag daran, sie zu verbessern!

86

Eines der Geheimnisse des Erfolges des legendären NBA-Trainers Pat Riley ist seine Verpflichtung zu ständiger, gradueller Verbesserung. 1986 stand er vor einer großen Herausforderung: Obwohl sein Team dachte, es hätte sein Bestes gegeben, war ihm trotzdem im Jahr zuvor die Meisterschaft entgangen. Um die Spieler zu inspirieren, ein noch höheres Niveau zu erreichen, überzeugte er sie, daß es genügen würde, wenn jeder seine Leistung in fünf Schlüsselfeldern um lumpige 1% erhöhen würde.

Das Geniale an diesem Plan war seine Einfachheit: Alle waren überzeugt, daß sie es schaffen konnten. Jeder Spieler mußte sich nur zu einer Leistungssteigerung von 5% verpflichten, aber multipliziert mit 12 Spielern, brachte dies eine 60%ige Leistungsverbesserung für das gesamte Team – die beste Saison, die sie je hatten!

Was kannst Du mit kleinen, aber ständigen Verbesserungen erreichen?

Welche Glaubenssätze lenken täglich Deine Gedanken, Entscheidungen und Handlungen? Mach diese Übung, um zu erkennen, wie mächtig Dich Deine Glaubenssätze beeinflussen:

1. Schreibe auf ein Stück Papier:
   »Unterstützende Glaubenssätze«
   Schreibe auf ein anderes Papier:
   »Behindernde Glaubenssätze«
2. Schreibe in den nächsten 10 Minuten all Deine Glaubenssätze auf diese zwei Seiten. Schreibe alles auf, was Dir in den Sinn kommt.
3. Während Du Deine Gedanken schweifen läßt, füge globale und auch ganz spezielle Glaubenssätze hinzu.

Prüfe, ob Du auch solche »wenn...dann«-Glaubenssätze, wie: »Wenn ich immer mein Bestes gebe, werde ich Erfolg haben!« oder: »Wenn ich zu diesem Menschen total leidenschaftlich bin, werde ich Ihn erschrecken und verlieren«, aufschreibst.

Die Glaubenssätze herauszufinden und zu verstärken, die Dich in die Richtung Deiner Träume führen, ist einer der effektivsten Wege, Dein Leben zu verbessern.

1. Gehe noch einmal die Liste durch, die Du von Deinen unterstützenden und behindernden Glaubenssätzen gemacht hast (Nr. 87 dieses Buches); kreise die drei, die Dich am meisten unterstützen, ein.
2. Wie unterstützen Dich diese Glaubenssätze genau? Auf welche Weise stärken sie Deinen Charakter oder verbessern die Qualität Deines Lebens? Wodurch könnten sie einen noch größeren positiven Einfluß haben – vielleicht, wenn sie noch stärker wären?
3. Mache aus all diesen unterstützenden Glaubenssätze Verinnerlichungen – Internalisationen.

Erzeuge eine unaufhaltsame Gewißheit, die Dein Verhalten in die Richtung lenkt, in die Du gehen willst. Fange jetzt an, nach Deinen Internalisationen zu handeln!

Es ist Zeit, sich von den Glaubenssätzen, die Dir nicht mehr dienen, zu befreien!

1. Suche zwei der Dich am stärksten hemmenden Glaubenssätze heraus.
2. Schlage die Beine der Gewißheit unter ihnen weg, indem Du Dich fragst:
   Warum ist dieser Glaubenssatz übertrieben oder absurd?
   War die Person, von der ich ihn gelernt habe, das beste Vorbild?
   Was wird es mich schlußendlich kosten, wenn ich diesen Glaubenssatz nicht aufgebe? Gefühlsmäßig? Physisch? Finanziell? In meinen Beziehungen?
   Was wird es meine Familie und die Menschen, die ich liebe, kosten?
3. Stell Dir die negativen Konsequenzen, die diese Glaubenssätze mit sich bringen, deutlich vor. Entscheide Dich, jetzt und für alle Zeit, daß Du nicht länger gewillt bist, diesen Preis zu zahlen.
4. Schreibe zwei neue Glaubenssätze auf, die den alten ersetzen.
5. Verstärke die neuen, unterstützenden, indem Du die unermeßlichen Vorteile, die sie mit sich bringen, visualisierst und antizipierst.

Die Macht der Erwartung beim Verbessern von Leistungen ist gut dokumentiert und wird »Pygmalion-Effekt« genannt. In einer der Studien wurde Lehrern gesagt, bestimmte Schüler ihrer Klasse wären begabt und müßten deshalb ständig aufgerufen werden, damit sie sich hervortun könnten. Die Lehrer waren einverstanden, und – nicht ganz überraschend – diese Schüler wurden die besten. Was die Lehrer jedoch nicht wußten, war, daß die als talentiert bezeichneten Schüler vor dieser Studie keine besondere Intelligenz gezeigt hatten. Tatsächlich waren einige vorher sogar als schlechte Schüler bezeichnet worden. Woher kam der Unterschied? Aus ihrem neubegründeten Gefühl der Gewißheit, überlegen zu sein – eingeflößt vom »falschen« Glauben ihrer Lehrer!

Kannst Du die Wichtigkeit der Glaubenssätze, die Du über Dich und andere hast, erkennen? Was könntest Du erreichen, wenn Du nur das Vertrauen hättest, Dein unendliches Potential anzuzapfen?

4. Abschnitt

Fragen sind die Antwort

Fragen

●

»Es ist ganz wichtig, nicht aufzuhören zu fragen. Neugier existiert aus ureigenen Gründen. Man kann nicht anders, als zu staunen, wenn man die Geheimnisse der Ewigkeit, des Lebens, der grandiosen Struktur der Realität ansieht. Es reicht nicht aus, jeden Tag nur zu verstehen, etwas von diesem Mysterium zu begreifen. Verlier nie Deine heilige Neugier!

Albert Einstein

91

Fragen sind der Laserstrahl des menschlichen Bewußtseins. Nutze ihre Kraft, um durch jedes Hindernis und jede Herausforderung hindurchzuschneiden.

Worin liegt der Hauptunterschied zwischen erfolgreichen Menschen und jenen, die es nicht sind? Ganz einfach, erfolgreiche Menschen sind diejenigen, die die besseren Fragen gestellt haben und als Ergebnis zu besseren Antworten gelangten.

Als das Automobil in den Kinderschuhen steckte, spielten Hunderte von Leuten mit dem Gedanken, es zu bauen. Henry Ford unterschied sich von ihnen, weil er sich fragte: »Wie kann ich so eine Maschine in Serie herstellen?«

In Ost-Europa litten Millionen unter dem Joch des Kommunismus, aber Lech Walesa hatte den Mut, zu fragen: »Wie kann ich den Lebensstandard für alle arbeitenden Männer und Frauen erhöhen?«

Wenn Du Deiner Imagination einfach freien Lauf läßt, wohin mögen Dich Deine Fragen führen?

Stimmst Du mit der folgenden Behauptung überein oder nicht? Denken ist nichts anderes, als Fragen zu stellen und sie zu beantworten. Um auf die eine oder andere Weise zu antworten, mußt Du Dich selbst nicht fragen: »Ist das wirklich wahr?« oder: »Stimme ich dem, was er sagt, zu?«

Die meisten unserer Denkprozesse, vom Auswerten (»Wieso ist das so?«) über das Vorstellen (»Was ist möglich?«) bis zum Entscheiden (»Was soll ich tun?«), enthalten Fragen und die Beantwortung dieser Fragen. Deshalb müssen wir, wenn wir die Qualität unseres Lebens verändern wollen, ändern, was wir uns und andere gewohnheitsmäßig fragen.

Kinder sind die »Meister aller Klassen« im Fragestellen. Was könntest Du erreichen, wenn Du die Neugierde und die Unschuld jener Kinder nachahmtest, die sich fest vorgenommen haben, eine Antwort zu bekommen?

Fragen zu stellen ist die Arbeit meines Lebens. Warum tun Menschen, was sie tun? Was ist es, das es bestimmten Menschen ermöglicht, mit noch weniger Ressourcen, als sie jene hatten, die scheiterten, erfolgreich zu sein? Wie können wir ihre Resultate nachahmen? Wie können wir schneller und leichter als jemals zuvor Veränderungen herbeiführen? Wie können wir die Qualität des Lebens für alle Menschen verbessern?

Wie lauten die wichtigsten Fragen, die im Augenblick Dein Leben formen?

Qualitäts-Fragen schaffen ein Qualitäts-Leben. Unternehmen sind erfolgreich, wenn ihre Entscheidungsträger die richtigen Fragen bezogen auf Produktlinien oder Marketing und strategische Planung stellen. Beziehungen blühen auf, wenn die Menschen die richtigen Fragen über mögliche Konflikte stellen und sich gegenseitig unterstützen, statt sich niederzumachen. Kommunen profitieren, wenn ihre Vertreter die richtigen Fragen darüber stellen, was am wichtigsten ist und wie die Bürger zusammen für die gemeinsamen Ziele arbeiten können.

Über jeden Aspekt Deines Lebens, den Du verbessern möchtest, gibt es Fragen, die Du stellen kannst, die Dich mit Antworten – Lösungen – versehen, die Dich und jene, die Du liebst, zu einem höheren Grad von Erfolg und Freude katapultieren können. Mußt Du Fragen über Qualität stellen? Über Engagement? Über das Leben?

Fragen setzen einen weiterführenden Effekt in Gang, der Auswirkungen weit über unsere Vorstellungen hinaus hat. Unsere Begrenzungen in Frage zu stellen, das ist es, was Mauern niederreißt – im Geschäftsleben, in Beziehungen, zwischen Ländern. Jedem menschlichen Fortschritt sind neue Fragen vorausgegangen.

Welche neuen Fragen kannst Du Dir selbst stellen, um heute neue Antworten, die Dein Leben verbessern können, zu finden?

Die Kapazität unseres Gehirns ist phänomenal. Tatsächlich würde man zwei Gebäude so groß wie das World-Trade-Center brauchen, um die Speicherkapazität unseres Gehirns unterzubringen.

Doch ohne zu verstehen, wie man das Gespeicherte wieder hervorholt und damit umgeht, ist das ganze Potential nutzlos. Was versetzt Dich in die Lage, alles aus Deiner persönlichen Datenbank abzurufen, das Du möchtest? Die kommandierende Kraft des Fragenstellens! Oft ist unser Unvermögen, Erfahrungen zu nutzen, kein Erinnerungsfehler, sondern es ist ein Unvermögen, die Fragen zu stellen, die unsere Fähigkeiten anzapfen.

Dein mentaler Computer ist stets bereit, Dir zu dienen, und welche Frage Du ihm auch stellst, er gibt ganz bestimmt eine Antwort. Stellst Du ihm jedoch negative Fragen, wie: »Warum muß ich alles verderben?«, wirst Du eine negative Antwort bekommen. Wenn Du aber andererseits eine weit nützlichere Frage stellst, wie: »Was kann ich daraus lernen?«, führt sie Dich in die Richtung von Lösungen.

Neue Antworten kommen von neuen Fragen. Welche aufbauende Frage kannst Du Dir in diesem Moment selbst stellen oder jemandem, den Du liebst?

Die Macht des brillanten Fragens wird vom Beispiel meines guten Freundes W. Mitchell illustriert. Nach einem Unfall, bei dem sein ganzer Körper Verbrennungen erlitten und er die Gewalt über seine Beine verloren hatte, weigerte er sich, sich zu bedauern: »Was ist mir geblieben,« fragte er sich, »was kann ich noch leisten, vielleicht sogar besser als vorher? Was werde ich aufgrund dieses Unfalls anderen zu geben in der Lage sein?« Im Krankenhaus traf er eine Schwester, namens Anne und fühlte sich sofort zu ihr hingezogen. Mit einem Körper, bis zu Unkenntlichkeit verbrannt, von der Taille abwärts gelähmt, hatte er die bemerkenswerte Kühnheit, sich zu fragen: »Wie komme ich zu einer Verabredung mit ihr?« Kurz darauf waren sie verheiratet.

Wenn Du die Möglichkeit des Versagens oder der Zurückweisung ausschließt, welche Fragen kannst Du Dir in diesem Augenblick stellen?

Wenn Menschen zögern, sich zu einer romantischen Beziehung zu bekennen, könnte es nicht sein, daß sie sich Fragen stellen, die Zweifel aufkommen lassen, so wie: »Was, wenn es irgendwo noch jemanden gibt, der noch besser ist? Was, wenn ich mich jetzt binde und was anderes versäume?« Dies wird sie davon abhalten, sich über das, was sie schon haben, zu freuen.

Wie wäre es, wenn sie statt dessen diese Fragen stellen würden: »Wie hab' ich es nur geschafft, das Glück zu haben, daß Du bei mir bist?« – »Was liebe ich an Dir am meisten?« – »Um wieviel reicher wird unser Leben aufgrund unserer Beziehung sein?«

Welche Fragen kannst Du Dir und Deinem Schatz stellen, die Euch beide zu den glücklichsten Menschen auf der Welt machen?

Gleichgültig, wieviel Du schon erreicht hast, es wird Zeiten geben, wenn Du bei Deinem beruflichen und privaten Fortschritt gegen Barrikaden anrennst. Die Frage lautet nicht, ob Du Probleme haben wirst oder nicht, sondern wie Du mit ihnen umgehst, wenn sie auftauchen. Benutze diese Checkliste, um Deinen Zustand zu ändern und Dich für Lösungen zu öffnen.

Die Problem-Lösungs-Fragen:

1. Was ist an diesem Problem bedeutend?
2. Was ist bis jetzt noch nicht perfekt?
3. Was bin ich zu tun bereit, um es so hinzubekommen, wie ich es will?
4. Was bin ich nicht länger zu tun bereit, um zu erreichen, was ich will?
5. Wie kann ich Spaß dabei haben, während ich tue, was nötig ist, um es so hinzubekommen, wie ich will?

103

Wie konnte Donald Trump sein Glück im Immobilien-Geschäft machen? Sicher liegt ein Schlüssel in seinem Wertbestimmungs-verfahren.

Beim Schätzen jedes Grundstückes, das ein gewaltiges Potential für wirtschaftlichen Gewinn versprach, fragte er sich: »Wo liegt der Nachteil? Was kann schlimmstenfalls passieren, und kann ich damit umgehen?« Wenn er überzeugt war, das »Schlimmsten-falls-Szenario« managen zu können, schloß er den Handel ab, denn um die Vorteile brauchte er sich nicht zu kümmern!

Als Trump anfing, Fehlschläge zu erlei-den, fiel Beobachtern auf, daß er sich für unverletzbar hielt und aufgehört hatte, seine Fragen nach den Nachteilen zu stellen. Den-ke daran, es sind nicht nur die Fragen, die Du stellst, die Dein Schicksal bestimmen, sondern auch jene, die Du zu fragen ver-säumst.

104

Die Fragen, die Du ständig stellst, werden Dir entweder auf die Nerven gehen oder Dir Freude machen, Entrüstung auslösen oder Inspiration, Elend oder Magie. Stelle Fragen, die Deinen Geist beflügeln und Dich auf dem Pfad der menschlichen Größe vorwärtsbringen.

Wenn Du wiederholt versucht hast, abzunehmen, und Du hast es nicht geschafft, könnte es nicht sein, daß Du die falschen Fragen stellst? Fragen wie »Wovon werde ich satt?« oder: »Mit welcher süßen, reichhaltigen Speise könnte ich mich durchmogeln?«

Wie wäre es, wenn Du statt dessen fragst: »Was ist wirklich nahrhaft?« – »Welches leichte, köstliche Gericht, das mir Energie gibt, könnte ich essen?« – »Wird es mich innerlich reinigen oder verstopfen?« Und wenn Du in die Versuchung kommst zu fressen, dann frage: »Wenn ich dies jetzt esse, was muß ich dafür aufgeben, damit ich mein Ziel trotzdem erreiche? Wie hoch ist schlußendlich der Preis, den ich dafür zahlen muß, wenn ich jetzt schlemme?«

Eine einzige Veränderung in den gewohnheitsmäßigen Fragen, die Du Dir selbst stellst, kann und wird die Qualität Deines Lebens grundlegend verändern.

106

Fragen verändern sofort das, worauf wir uns fokussieren, und somit auch die Art und Weise, wie wir uns fühlen. Gibt es nicht auch in Deinem Leben kostbare Momente, durch die Du Dich – kaum daß Du Dich an sie erinnerst – großartig fühlst? Vielleicht ist es der Tag, an dem Du von zu Hause ausgezogen bist, die Geburt Deines ersten Kindes oder ein Gespräch mit einem Freund, das Dir Zutrauen gab, nach den Sternen zu greifen. Fragen wie »Wofür kann ich dankbar sein?« oder »Was ist im Augenblick in meinem Leben positiv?« führen dazu, daß wir uns an diese Momente erinnern; sie erlauben uns nicht nur, zufriedener mit unserem Leben zu sein, sondern auch den Menschen in unserer Umgebung mehr zu geben.

Zwischen einer Affirmation und einer Frage besteht ein großer Unterschied. Du kannst Affirmationen, wie »Ich bin glücklich«, »Ich bin glücklich«, »Ich bin glücklich«, den ganzen Tag lang wiederholen und dennoch wird dies nicht dasselbe Maß an Gewißheit hervorrufen, als stelltest Du Dir selbst beständig eine unterstützende Frage. Frage Dich: »Worüber könnte ich im Augenblick glücklich sein, wenn ich es wollte? Wie würde ich mich dadurch fühlen?« Fragen lenken Deinen Fokus und bringen Dich dazu, wirkliche und überzeugende Gründe zu finden, dieses Gefühl zu empfinden, statt Dich nur aufzumöbeln. Deshalb wirst Du, anstatt nur eine Affirmation aufzustellen, einen tatsächlichen Wandel in Deinem emotionalen Zustand erfahren – etwas Reales, etwas, das andauern wird.

Wie kannst Du auf der Stelle Dein Leben verbessern? Indem Du die Leitfragen von Leuten die Du respektierst, aufspürst und zum Vorbild nimmst. Findest Du jemanden, der überaus glücklich ist, so hat das garantiert den einen Grund: diese Person konzentriert sich unablässig auf das, was ihn oder sie glücklich macht, und fragt sich ständig, wie man noch glücklicher werden könnte. Finanziell erfolgreiche Leute stellen, wenn es um Investitionen geht, andere Fragen als solche, die nur mäßige Einkünfte erzielen.

Zu jedem Lebensbereich ist ein neues Erfolgsniveau so greifbar wie eine neue Frage, die Du von jemandem übernommen hast, der das, was Du Dir wünschst, bereits verspürt. Denk daran, frage, und Du wirst es bekommen!

Einer der wichtigsten Bestandteile des Erfolges ist die Offenheit, Antworten anzunehmen. Als Walt Disney sein magisches Königreich schuf, hatte er eine einzigartige Methode, um Beiträge zu bitten: Er bestimmte eine ganze Wand dazu, alle Stadien eines Projekts aufzuzeigen, und lud jeden in seiner Organisation ein, seine Antworten auf die Frage: »Wie können wir dies noch verbessern?« dort anzuheften. So gewann Disney Zugang zu den vereinigten Ressourcen seiner kreativen »Armee«, die Ergebnisse erzielten, die die Qualität dieses Inputs widerspiegelten.

Du mußt nicht am Ruder einer führenden Gesellschaft stehen, um von diesem Werkzeug zu profitieren. Wie kannst Du Deinen Fokus in eine neue Richtung lenken? Welche Leute, mit denen Du es sowieso täglich zu tun hast, könnten Dich mit einem Schatz an Ressourcen ausstatten – wenn Du sie nur fragen würdest?

Die Antworten, die wir erhalten, sind abhängig von den Fragen, die wir zu stellen gewillt sind. Alles hängt davon ab, die Fragen zu entdecken, die uns helfen, Zugang zu einem kraftvolleren Zustand zu finden. Wenn es zum Beispiel für Dich wichtig ist, zu lernen und zu verarbeiten, dann ist die Frage: »Wie kann ich diese Situationen nutzen, um in Zukunft noch mehr zu leisten?«, sehr effektiv. Sie wird Dir helfen, negative emotionale Muster zu durchbrechen.

Bei wirklich schwierigen Störungen magst Du Dich fragen: »Ist dies In zehn Jahren wirklich noch wichtig?«

Um mit Schwierigkeiten in Beziehungen fertig zu werden, stelle Dir Fragen wie »Was mag diesen Menschen noch belasten, und wie kann ich helfen?« Diese Fragen werden der schnellste Weg sein, Eure Differenzen auszuräumen und Mitgefühl auszudrücken.

Menschliche Wesen sind großartige »Ausblender«. Von all den Dingen, die wir in jedem Augenblick wahrnehmen können, gibt es nur eine kleine Anzahl, auf die wir uns bewußt fokussieren können.

Indem Du eine Frage stellst – Dir selbst oder einem anderen –, kannst Du sofort den Fokus wechseln: »Hast Du jemals daran gedacht, welchen Eindruck wir mit dem, was wir hier machen, haben werden?« kann einen Mitarbeiter oder ein Gruppenmitglied dazu bringen, sofort alle schwierigen Einzelheiten eines Projektes auszublenden, um statt dessen die Langzeit-Vorteile zu fokussieren.

Gibt es jemanden, den Du kennst, der von dieser Art Unterstützung wirklich profitieren könnte?

Das, wonach wir suchen, werden wir finden. Um Dir dies zu beweisen, mach ein Experiment. Gleichgültig, wo Du jetzt gerade bist, betrachte eine Minute lang Deine Umgebung und frage Dich: »Was sehe ich, das braun ist?« Merke Dir alles, was braun ist.

Als nächstes schließ Deine Augen. Dann erinnere Dich an alles, was .... grün ist. Unter Umständen wird dies schon schwierig sein, wenn Dir Deine Umgebung vertraut ist, doch wenn Du in einer fremden Umgebung bist, ist es eine Herausforderung. Es wird Dir leichtfallen, Dich an alles zu erinnern, was braun ist, aber wahrscheinlich wirst Du nicht mehr wissen, was grün ist.

Zum Schluß öffne Deine Augen und sieh alles an, was grün ist. Wahrscheinlich wird Dich alles, was grün ist, »anspringen«. Erinnere Dich: »Suche und Du wirst finden.« Sei Dir bewußt, wonach Du suchst.

Ob wir etwas für möglich oder unmöglich halten, wird oft dadurch bestimmt, wie wir Fragen stellen. Spezifische Wörter und die Reihenfolge, in der wir sie benutzen, können nicht nur dazu führen, daß wir bestimmte Möglichkeiten nicht in Betracht ziehen – oder andere gar für absolut sicher halten. Wenn man zum Beispiel fragt: »Warum sabotiere ich mich immer selbst?«, dann setzt das eine »Sich-Selbst-Erfüllende-Prophezeiung« in Gang – es nimmt vorweg, daß Du Dich in der Tat selbst sabotierst, auch wenn dies gar nicht der Fall ist.

Lerne Mutmaßungen zu Deinem Vorteil auszulegen. Finde Referenzen, die die neuen Glaubenssätze, die Dich unterstützen, untermauern. Frage Dich: »Auf welche Weise verbessert diese Erfahrung meine Fähigkeiten?« oder »Wie wird sich unsere Beziehung vertiefen, nachdem wir dies zusammen durchgestanden haben?«

Fragen erschaffen Antworten, wo anscheinend keine existieren.

Am Anfang meiner Laufbahn veruntreute einer meiner Partner eine große Summe Geld. Doch statt Konkurs anzumelden (wie mir wiederholt geraten wurde), fragte ich mich: »Wie kann ich damit fertig werden?« – »Wie kann ich es schaffen, daß meine Firma wirkungsvoller arbeitet als vorher?« – »Wie kann ich Menschen helfen, selbst während ich schlafe?«

Diese Fragen brachten mich darauf, eine Franchise-Abteilung zu gründen und eine sehr erfolgreiche Serie von Fernsehinformationssendungen zu schaffen, die das Leben von Millionen Menschen verbessert hat.

Wenn Du nicht gleich die Antworten erhältst, die Du zuerst wolltest, gibst Du dann auf? Oder fragst Du weiter, auf soviele verschiedene Arten, wie Du nur kannst, bist Du die Antworten bekommst, die Du brauchst?

115

Schaffe Dir ein tägliches Erfolgsritual. Finde jeden Morgen mindestens zwei bis drei Antworten zu jeder der folgenden Fragen und sonne Dich in den positiven Gefühlen, die sie in Dir auslösen. Wenn Du Schwierigkeiten mit der Antwort hast, füge einfach »könnte« hinzu. Wenn Du zum Beispiel die Frage: »Worüber bin ich im Augenblick in meinem Leben am glücklichsten«, nicht beantworten kannst, frage Dich: »Worüber könnte ich in meinem Leben glücklich sein, wenn ich es wollte?«

Die Morgen-Power-Fragen:

1. Worüber bin ich in meinem Leben im Augenblick glücklich?
   Was ist es, das mich glücklich macht?
   Wie fühle ich mich dadurch?

2. Was ist gerade aufregend in meinem Leben?
   Was macht mich daran so erwartungsvoll?
   Wie fühle ich mich dadurch?

116

Die Morgen-Power-Fragen (Fortsetzung):

3. Worauf bin ich im Augenblick in meinem Leben stolz?
   Was ist es, das mich stolz macht?
   Wie fühle ich mich dadurch?

4. Wofür bin ich in meinem Leben im Augenblick dankbar?
   Was ist es, das mich dankbar macht?
   Wie fühle ich mich dadurch?

5. Was in meinem Leben erfreut mich im Augenblick am meisten?
   Was erfreut mich daran?
   Wie fühle ich mich dadurch?

6. Wo habe ich mich in meinem Leben im Augenblick engagiert?
   Was ist es, das mich engagiert sein läßt?
   Wie fühle ich mich dadurch?

7. Wen liebe ich? Wer liebt mich?
   Was ist es, das mich lieben läßt?
   Wie fühle ich mich dadurch?

Als nächtes wirst Du lernen, dieses tägliche Erfolgsritual noch effektiver zu machen.

117

Eine ausgezeichnete Ergänzung zu den Morgen-Power-Fragen sind drei Abend-Power-Fragen, eine Checkliste, die entworfen wurde, um die Ereignisse des Tages in die richtige Perspektive zu rücken. Wenn Du Dir schon den ganzen Tag Fragen gestellt hast, warum nicht einige stellen, die Dich vor dem Einschlafen in einen großartigen Zustand versetzen?

Die Abend-Power-Fragen:

1. Was habe ich an diesem Tag gegeben?
   Auf welche Art habe ich gegeben?

2. Was habe ich heute gelernt?
   Was habe ich heute anders gemacht?

3. Wie hat der heutige Tag die Qualität meines Lebens verbessert?
   Wie kann ich den heutigen Tag als Investition in die Zukunft nutzen?

4. (Wahlweise: Wiederhole die »Morgen-Power-Fragen«.)

118

Das einzige, was Deine Fragen einschränkt, ist Dein Glaube an das, was möglich ist. Ein Kerngedanke, der mein Leben positiv geformt hat, ist, daß ich garantiert eine Antwort bekomme, solange ich nicht aufhöre, immer weitere Fragen zu stellen.

Wie beim »Jeopardy-Spiel« ist jede Antwort schon da – alles, was Du zu tun hast, ist, die richtige Frage zu finden.

Welche Fragen können Dir helfen, wenn Du sie Dir regelmäßig stellst? Zwei meiner bevorzugten wirken zugleich auf die einfachste und kraftvollste Weise, um mir zu helfen, Herausforderungen zu meistern. »Was ist großartig an dieser Sache?« und: »Wie kann ich dies verwenden?« Das Stellen der ersten Frage unterbricht negative Impulse und erinnert mich daran, daß wir wählen können, welche Bedeutung auch immer wir einem Ereignis beimessen. Die zweite Frage hilft mir, mich auf das »Wie« statt auf das »Warum« zu konzentrieren, also auf Lösungen und Vorteile statt auf das Unbeantwortbare.

Welche zwei Fragen kannst Du brauchen, um Deinen Zustand zu ändern und Zugang zu Deinen Ressourcen zu bekommen? Füge diese zu Deinen *»Morgen-Power-Fragen«,* so daß sie ein integrierter Bestandteil Deines täglichen Erfolgsrituals werden.

120

Eine schlichte Frage, die einen gewaltigen Unterschied auslösen kann, wurde mir von Leo Buscaglia, der so vieles auf dem Gebiet der menschlichen Beziehungen geleistet hat, nahegelegt. In seiner Jugend fragte ihn sein Vater jeden Abend: »Was hast Du heute gelernt?« Der Junge wußte, er mußte eine Antwort parat haben – und zwar eine gute. Wenn er an einem Tag nichts Interessantes in der Schule gelernt hatte, so durchforschte er das Lexikon. Jahrzehnte später ging Leo noch immer nicht zu Bett, bevor er nicht etwas Neues und Wertvolles gelernt hatte.

Könnte nicht Dein Leben oder das Leben Deiner Kinder unendlich bereichert werden, wenn Du diese Frage – oder eine ähnliche – Deinem täglichen Programm hinzufügst? Auf welche Weise könntest Du diesen Vorgang genauso lebenswichtig machen wie Essen oder Trinken?

Von einem gewissen Punkt an mußt Du aufhören, Fragen zu stellen, und mußt handeln.
Fragen wie »Worum dreht sich mein
Leben?« – »Wo bin ich am engagiertesten?«
und »Warum bin ich da?« sind unbeschreib-
lich kraftvoll, doch wenn Du darüber brüten
mußt, die richtige Antwort zu erhalten,
wirst Du nicht sehr weit kommen. Die Antwort auf jede Frage, die aus dem Bauch
kommt, ist meistens diejenige, der Du vertrauen und nach der Du handeln solltest. So
entscheide Dich einfach, wenn Du Ergebnisse erzielen möchtest, was für Dich am wichtigsten ist – zumindest im Augenblick –,
und nutze Deine persönliche Kraft, danach
zu handeln und anzufangen, die Qualität
Deines Lebens zu transformieren.

5. Abschnitt

Krieg den Bogen raus, Dich zu verändern!

Die Wissenschaft der Erfolgskonditionierung

•

»Gewohnheit ist entweder der beste aller Diener oder der schlechteste aller Herren.«

Nathaniel Emmons

122

Ich war immer stolz auf meine Fähigkeit, bei fast allen Menschen anhaltende Veränderungen herbeiführen zu können. Eines Tages gab es ein rauhes Erwachens, als ein Mann auf mich zukam, dem ich Jahre zuvor geholfen hatte, mit dem Rauchen aufzuhören. Er holte eine Zigarette aus der Tasche und sagte: »Sie haben versagt!« – »Was meinen Sie damit?« Ich war neugierig zu erfahren, was geschehen war. »Nach unserer Sitzung habe ich zweieinhalb Jahre lang nicht geraucht. Doch dann, eines Tages, als ich im Streß war, habe ich mir eine angezündet, und seitdem rauche ich wieder. Es ist alles Ihre Schuld. Sie haben mich nicht richtig programmiert.«

Wenn auch seine Kommunikation nicht sehr geschmackvoll war, machte mir dieser Mann ein unbeschreibliches Geschenk. Er erinnerte mich daran, daß wir persönlich die Verantwortung für unsere Veränderungen übernehmen müssen. Niemand kann Dich »programmieren«. Du mußt Dich selbst konditionieren.

123

Jede Veränderung, die wir erzielen, wird nur kurzfristig sein, solange wir uns nicht selbst – niemanden und nichts anderes – für unsere Veränderungen verantwortlich machen. Im einzelnen müssen wir diese drei *Kernglaubenssätze* annehmen:

1. Es <u>muß</u> sich ändern. Zu glauben, daß es sich ändern sollte, ist nicht genug.
2. <u>Ich</u> muß es ändern. Andere können mich trainieren, doch ich bin schlußendlich verantwortlich.
3. Ich <u>kann</u> es verändern. Ich habe erschaffen, was ich erfahre, und deshalb kann ich es ändern.

Was macht wirkliche Veränderung möglich? Sie geschieht, wenn wir in unserem Nervensystem die Empfindung ändern, die wir mit einer Erfahrung verbinden.

Solange Dir Zigaretten ein Gefühl des Wohlbefindens vermitteln, wirst Du Dich zu ihnen hingezogen fühlen. Erst, wenn Du Zigaretten mit Ekel verbindest, mit »Aschenbecher-Mund« und Tod, wird die anhaltende Veränderung eintreten.

Obwohl wir es gerne leugnen: Das, was unser Verhalten normalerweise lenkt, sind Reaktionen aus »dem Bauch«, nicht intellektuelle Berechnungen. Du magst wissen, daß Schokolade ungesund ist, doch Du ißt sie immer noch? Warum?

Weil Du nicht so sehr von dem gesteuert wirst, was du intellektuell weißt, sondern von den Dingen, mit denen Du gelernt hast in Deinem Nervensystem Schmerz und Freude zu verbinden.

Es sind unsere Neuro-Assoziationen, die Assoziationen, die wir in unserem Nervensystem aufgebaut haben und die bestimmen, was wir tun werden.

Warum schlagen die meisten Versuche, eine Gewohnheit aufzugeben, fehl? Weil wir die Symptome des Problems behandeln – Diät halten, Drogen stoppen, Kreditkarten zerschneiden –, doch wenn wir die Ursachen nicht eliminieren, werden sie wieder auftauchen.

Die Technik, die ich entwickelt habe – *»Neuro-Assoziations-Konditionierung«* (Neuro-Associative-Conditioning, NAC) – ist eine einfache, aber wirksame Sechs-Schritte-Strategie, um andauernde Veränderungen zu erreichen.

1. Lege fest, was Du wirklich willst. Die meisten Menschen fokussieren das, was sie nicht wollen.
2. Schaffe Dir Freiraum. Mache Änderungen, wenn Du mußt – sei flexibel.
3. Unterbrich das alte, einschränkende Muster. Brich die Macht, die die Gewohnheit über Dich hat.
4. Entwirf eine neue, Dich fördernde Alternative. Du kannst nicht einfach mit einer Gewohnheit oder Emotion aufhören – Du mußt sie ersetzen.
5. Konditioniere sie – bis sie eine neue Gewohnheit geworden ist.
6. Probiere es aus. Prüfe, ob es funktioniert.

Was hindert uns daran, eine Veränderung zu wagen? Einige unserer Überzeugungen – persönlich oder konventionell – können uns zurückhalten.

Viele Menschen glauben, daß sie nichts verändern können, nur weil frühere Versuche fehlgeschlagen sind. Oder sie glauben, Veränderung müsse ein langer, schwieriger Prozeß sein; wenn es nicht so wäre – so argumentieren sie –, warum sollten sie sich nicht längst geändert haben? Außerdem, wenn Du ein Problem, mit dem Du Dich jahrelang herumgeschlagen hast, in wenigen Minuten löst, mußt Du Dich mit Deiner Familie auseinandersetzen, die Dich fragen könnte: »Wenn es so einfach war, warum haben wir soviel Zeit damit vertan, uns um Dich zu sorgen?«

Mit all diesen negativen Anreizen haben wir es uns angewöhnt, uns Zeit zu lassen, damit die Leute unsere Veränderung auch würdigen.

Schüttle diese »kulturelle Hypnose« ab und erkenne jetzt, daß neue Handlungen auch neue Ergebnisse bringen!

Uns allen wurde beigebracht, daß schnelle Wechsel – im Verhalten, bei Meinungen und Gefühlen – bedeuten können, daß wir überempfindlich, schwierig oder instabil sind.

Demgegenüber werden Menschen, die für beständig gehalten werden, als vertrauenswürdig, solide und echt bezeichnet. Doch dies alles schafft ungeheuren äußeren Druck, den Status quo zu erhalten und genauso weiterzumachen, wie es von uns erwartet wird.

Wenn Du im Handumdrehen ein Problem schaffen kannst, dann kannst Du es auch genauso schnell lösen!

Denke mal darüber nach – da brauchte jemand sehr lange, um sich zu ändern. Aber hat es wirklich so lange gedauert, sich zu ändern – oder dauerte es nur so lange, zu dem Punkt zu kommen, an dem die Veränderung unausweichlich war?

Um Veränderungen schnell zu erzielen, mußt Du zuerst die Überzeugung annehmen, daß Du Dich buchstäblich »jetzt« ändern kannst.

Es ist nichts »verkehrt« mit Dir. Du bist nicht kaputt. Du mußt nicht in Ordnung gebracht werden.

Wenn Du ständig Zurückweisungen aus dem Weg gehst, dann macht Dein Gehirn schlichtweg nichts anderes, als Dich vor Schmerz zu schützen. Doch das andere Geschlecht zum Beispiel völlig zu vermeiden tut auch weh. Um ein neues Verhalten zu schaffen, mußt Du Dich einfach neu »verdrahten«. Die Ressourcen, die Du brauchst, um alles in Deinem Leben ändern zu können, liegen bereits in Dir. Sie warten nur darauf, angezapft zu werden!

Wenn Du Dir wünscht, Dich auf einigen Gebieten in Deinem Leben – sei es entweder in Deinem Verhalten oder bei Deinen Gefühlen – zu verbessern, erkenne es jetzt und nutze den letzten Teil dieses Kapitels, Dir zu helfen, das zu erreichen, was Du möchtest.

NAC: Meisterschritt Nr. 1

Entscheide, was Du wirklich willst, und bestimme, was Dich davon abhält, es jetzt zu haben. Erinnere Dich: Wir bekommen, worauf wir uns konzentrieren. Statt darüber nachzugrübeln, was Du nicht willst, drücke klar und deutlich aus, was Du willst. Zum Beispiel: Statt es zu Deinem Ziel zu machen, mit dem Rauchen aufzuhören, entscheide, daß Du »gesünder, lebendiger und schwungvoller« als jemals zuvor sein möchtest. Je mehr Du in die Einzelheiten gehst, desto mehr Kraft wirst Du haben, um Dein Ziel schnell zu erreichen!

In dem Moment, in dem Du entschieden hast, was Du willst, versuche alle Hindernisse zu erkennen, auf die Du treffen kannst, zum Beispiel den erwarteten Schmerz, der als Folge des Veränderungsprozesses auftreten kann.

Was wünschst Du Dir? Was hält Dich davon ab, es jetzt zu haben?

Ist Dir schon einmal aufgefallen, daß bei Menschen, die sich verletzt haben und dann verhätschelt werden, die Verletzungen manchmal gar nicht so schnell heilen? Obwohl sie wirklich von der Verletzung genesen wollen, mag doch das Wohlgefühl, all die liebevolle Aufmerksamkeit und die Erlaubnis, sich ausruhen zu dürfen, unbewußt die Heilung hinauszögern oder verhindern. Wenn Menschen einen unbewußten Gewinn aus einem sehr schmerzhaften Verhalten oder Gefühl ziehen, das sie verändern wollen, wird dies »secondary gain« (zweiter Gewinn) genannt. Die Notwendigkeit, diesen zweiten Gewinn zu erhalten, ist oft einer der größten Verhinderer andauernder Veränderung.

Welche verborgenen Gewinne magst Du aus Deinem Verhalten ziehen, von dem Du weißt, daß Du es ändern solltest? Wie verlockend sind sie, wenn Du sie gegen den Schmerz abwiegst, den Dir dieses Verhalten in der Vergangenheit, in der Gegenwart und Zukunft gebracht hat und bringen wird?

NAC: Meisterschritt Nr. 2

Schaffe Flexibilität: Assoziiere große Schmerzen mit »Ich ändere mich jetzt nicht« und große Freude mit »Ich ändere mich jetzt sofort«. Frage Dich:

1. Was wird mich dieses Verhalten oder Gefühl kosten, wenn ich mich nicht ändere?
2. Was werde ich in meinem Leben versäumen, wenn ich diesen Wandel nicht schaffe?
3. Was kostet mich dieses alte Verhalten bereits? Mental? Gefühlsmäßig? Finanziell? Spirituell?
4. Welchen Einfluß hat dies auf meine Karriere? Meine Liebsten?

Male Dir lebhaft die angenehmen Fragen aus, wenn Du Dich jetzt änderst, und spüre sie! Frage Dich:

1. Wenn ich mich ändere, was werde ich für ein Selbstwertgefühl haben?
2. Welchen Schwung werde ich durch diese Veränderung bekommen?
3. Wie werden sich meine Familie und Freunde fühlen?
4. Wie glücklich werde ich sein?
5. Verdiene ich diese Zugaben nicht jetzt?

Er hatte fast alles ausprobiert, um mit dem Rauchen aufzuhören. Nichts hatte geholfen, bis seine sechsjährige Tochter ins Zimmer kam und rief: »Vati, bitte hör auf, Dich umzubringen! Ich möchte, daß Du dabei bist ... wenn ich heirate!« Kein noch so großes Maß an Erklärungen konnte sie davon überzeugen, daß das Rauchen ihn nicht umbringen würde ..... An diesem Tag flogen die Zigaretten zur Tür hinaus, und seitdem hat er nicht mehr geraucht. Manchmal ist Dein eigener Schmerz nicht groß genug, um eine Veränderung herbeizuführen, aber der Schmerz eines Menschen, den Du liebst, kann Dir kraftvollen Antrieb geben.

Wenn Du es versuchst und nicht geschafft hast, eine Veränderung herbeizuführen, war es vielleicht die Antriebskraft, die gefehlt hat. Solange Du es nicht schaffst, Dich selbst zu jenem Punkt zu bringen, an dem die Veränderung ein absolutes »Muß« ist, solange wirst Du sie weiter aufschieben.

Aber mit Gründen, die stark genug sind, mit der richtigen Antriebskraft, wirst Du zum Handeln gezwungen.

Suchst Du unfehlbare Strategien, um unerwünschte Pfunde loszuwerden? Wie gefällt Dir diese Idee:

Suche Dir einen »Abspeck-Freund« und versprich ihm oder ihr und einer Gruppe weiterer Freunde, daß Du mit einem strikten Programm aus gesunder Nahrung und einem Training, das Spaß macht, anfängst. Weiterhin verpflichtest Du Dich, eine ganze Dose Hundefutter zu essen, solltest Du Dein Versprechen brechen!

Die Frau, die dieses Rezept mit mir teilte, erzählte, daß sie und ihre Freunde ihre Dose jederzeit in Sichtweite aufgestellt hatten, um sie an ihr Versprechen zu erinnern. Wenn sie anfingen, hungrig zu werden oder ihr Training aufzuschieben, nahmen sie die Dose in die Hand und lasen das Etikett. So appetitliche Zutaten wie »Pferdefleisch-Brocken« halfen ihnen, ihre Ziele im Handumdrehen zu erreichen!

NAC: Meisterschritt Nr. 3

Unterbrich das behindernde Muster.

Hast Du jemals eine Fliege gesehen, die in einem Raum eingesperrt ist? Verzweifelt einen Ausgang suchend, knallt sie wieder und wieder gegen das nächste Fenster.

Hast Du jemals Menschen beobachtet, die etwas Ähnliches tun? Sie mögen viel Motivation haben, aber wenn sie fortfahren, das zu tun, was nicht funktioniert, werden sie ihr Ziel nie erreichen. Genau wie ein Partner oder ein Elternteil, der ständig nörgelt, ohne jedoch die Resultate zu erzielen.

Unterbrich einschränkende Muster, indem Du etwas Unerwartetes tust. Wenn Du mit Deinen Liebsten nörgelst, halte mitten im Satze inne, sink auf die Knie und – lächle! Geh rüber zu ihnen, umarme sie und erzähle ihnen, wie sehr Du sie liebst!

Welches wären einige spielerische Möglichkeiten, mit denen Du einschränkende Muster unterbrechen kannst?

Um ein neues Muster des Denkens, Fühlens oder Verhaltens zu installieren, mußt Du erst das alte unterbrechen. Um dies zu visualisieren, stell Dir eine Compact-Disc vor. Warum spielt sie jedesmal die gleiche Musik? Weil ein unsichtbares Muster hineingeschnitten wurde.

Genauso wie es unnütz ist, eine neue CD einzulegen, während die andere noch spielt, ist es Zeitverschwendung, zu versuchen, ein neues Verhaltens-/Gefühlsmuster aufzubauen, während das alte noch verwurzelt ist. Unterbrich es statt dessen in der Minute, in der Du anfängst, wie gewohnt danach zu handeln, durch soviel verrückte, bizarre und spaßige Dinge, wie Du nur kannst.

Es ist genauso, als würdest Du wieder ein Lied hören, das Du nie mehr hören wolltest. Du nimmst die CD heraus und zerkratzt vehement ihre Oberfläche, bis Du sicher bist, daß Du diesen Song nie wieder hören kannst.

Der Grund, warum es oft schwierig ist, ein Muster zu verändern (gefühls- oder verhaltensmäßig), ist, daß es buchstäblich in Dir verdrahtet ist. Ein Forscher bewies dies, indem er den Finger eines Affen vor- und zurückbewegte und die sich ergebenden Bewegungen zwischen den Nervenzellen und dem Gehirn überwachte. Er bemerkte, daß mit wiederholter Bewegung sich das Band der Vernetzung verstärkte, und nachdem er die Finger des Tieres wieder und wieder bewegt hatte, verbanden sie sich zu einem unwiderstehlichen Pfad. Nachdem er für dieses Verhalten »verdrahtet« war, fuhr der Affe fort, den Finger zu bewegen, selbst als die Konditionierung aufgehört hatte.

Viele von uns haben sich durch Übermaß darauf trainiert, den Halt zu verlieren, sich krank zu sorgen, sich unsicher zu fühlen, Alkohol zu mißbrauchen.

Welche positiven Reflexe kannst Du durch Wiederholung stärken?

Formen unbewußte Muster Dein Leben? Viele Menschen wiederholen zum Beispiel dieselben täglichen Gänge, um zur Arbeit zu gelangen: Dieselbe Autobahn fahren, dieselbe Ausfahrt nehmen usw. Wir trainieren unser Gehirn und unseren Körper, nach einem bestimmten Muster zu funktionieren, bis es zur Gewohnheit wird. Was passiert an jenem Tag, an dem wir einen anderen Ausgang nehmen müssen? Durch unsere Konditionierung fahren viele von uns an ihm vorbei.

Auf anderen Gebieten unseres Lebens haben wir emotionale und verhaltensmäßige Muster, die genauso eingegraben sind. Hat jemand, den Du kennst, die Gewohnheit, ärgerlich, frustriert oder überwältigt zu sein? Vielleicht ist es an der Zeit, daß Du Dich darauf trainierst, Dich glücklich, aufregend oder dankbar zu fühlen. Klingt schwierig? Es ist so einfach wie spielerisch, Dein altes emotionales Muster zu unterbrechen und es durch ein angenehmes zu ersetzen.

138

Was Du nicht mehr nutzt, verlierst Du. Ein angenehmer Weg, ein einschränkendes Muster zu unterbrechen, ist, es einfach zu vermeiden, ihm nachzugeben. Ein ungenutzter Nervenpfad (Neuro-Assoziation) wird langsam verkümmern. Aber paß auf: Dies bewährt sich bei beidem: dem Positiven und dem Negativen. Mut – ungenutzt – wird kleiner, Engagement – untrainiert – nimmt ab, Leidenschaft – unausgesprochen – verpufft.

Jetzt, in diesem Augenblick, triff die Entscheidung, etwas zu tun, das Dich dazu bringt, eines Deiner reichsten und kraftvollsten Gefühle zu nutzen. Erinnere Dich: Je häufiger Du etwas nutzt, umso stärker wird es. Unsere emotionalen Muskeln müssen trainiert werden, nicht nur, um Resultate zu erzielen, sondern um uns in einem gesunden und handlungsfähigen Zustand zu halten.

NAC: Meisterschritt Nr. 4

Schaffe eine neue unterstützende Alternative.

Eine Studie über Drogensüchtige fand heraus, daß es für unterschiedliche Individuen unterschiedliche Rückfall-Quoten gibt. Jene, die von außen gezwungen worden waren, ihren Drogenmißbrauch aufzugeben, nahmen ihn sofort nach der Entlassung wieder auf. Diejenigen, die innerlich motiviert waren aufzuhören, schafften es zwei Jahre lang, abstinent zu bleiben. Jene, die ihre Abhängigkeit durch neue Alternativen, wie sich auf Religion zu fokussieren oder eine neue Tätigkeit zu lernen, ersetzten, schafften es im allgemeinen acht Jahre lang und mehr ohne Rückfall, und der größte Teil von ihnen nahm nie wieder Drogen.

Die Versuche der meisten Leute, sich zu ändern, gelingen nur zeitweilig, weil sie versäumen, einen alternativen Weg zu finden, wie sie aus dem Schmerz heraus zu Freude kommen können. Alte Muster müssen ersetzt werden – nicht nur eliminiert.

140

NAC: Meisterschritt Nr. 5

Konditioniere das neue Muster, bis es beständig ist.

Eines Tages, als ich einen Klavierstimmer dabei beobachtete, wie er an unserem neuen Flügel arbeitete, bekam ich eine richtige Lehrstunde im Konditionieren. Als ich ihn um die Rechnung bat, antwortete er, das würden wir bei seinem nächsten Besuch regeln. »Wollen Sie damit sagen, daß Sie noch nicht fertig sind?« fragte ich. Geduldig erklärte er mir, daß die Saiten eines Klaviers stark seien, aber um auf dem perfekten Grad der Spannung gehalten zu werden, ständig konditioniert werden müssen, wenn sie denn auf diesem bleiben sollen.

Das genau ist es, was wir tun müssen, um dauerhaften Wandel zu schaffen. Wir müssen unser Nervensystem darauf konditionieren, nicht nur einmal, sondern beständig das Ziel zu erreichen. Schließlich besuchst Du ja auch nicht nur einmal eine Aerobic-Stunde und erklärst dann: »Jetzt bin ich fit fürs ganze Leben!«

Erinnerst Du Dich an den Affen, der durch den beständigen Gebrauch seines Fingers buchstäblich eine Nervenverbindung schuf, die dafür sorgte, daß er den Finger kontinuierlich krümmte?

Forscher bewiesen, daß die Nervenverbindung mit weniger Wiederholungen verstärkt und intensiviert wurde, wenn sie das Tier emotional erregten, während sie es trainierten. Wenn Du ein neues Verhalten probierst, indem Du es Dir vorstellst oder regelmäßig mit emotionaler Intensität übst (freudige Erwartung, Leidenschaft...), wirst Du eine neue »Nervenautobahn« zum Vergnügen etablieren. Diese Art der Konditionierung gewährleistet, daß Du dich automatisch gezwungen fühlst, auf Deiner neuen Route (gefühlsmäßigem/verhaltensmäßigem Muster) zu »fahren«.

Denke daran, es ist wichtig, ein neues Verhaltensmuster zu verstärken, indem Du Dich (oder jemandem, dem Du hilfst) sofort belohnst, wenn Du es benutzt. Jedes Muster, ob im Denken, Fühlen oder Verhalten, wird zur Gewohnheit, wenn es beständig verstärkt wird.

142

Die unwiderstehliche Macht der Konditionierung wird anschaulich von Larry Bird, einem Star der Boston Celtics, dargestellt. Als Larry für eine Limonaden-Werbung verpflichtet wurde, verlangte das Drehbuch von ihm, einen Wurf zu verpatzen. Er warf neun Körbe hintereinander, bevor er sich überwinden konnte, daneben zu zielen. Er war so darauf konditioniert gewesen, den Ball durch den Ring zu bringen, daß er seine ganze Konzentration und ein gehöriges Maß an Übung brauchte, um wenigstens einen zu verschlagen. Kein Zweifel, ein Teil von Larry Birds' Gehirn ist praktisch eine neurologische Superautobahn für jene Sequenzen von Bewegungen, die nötig sind, um den Ball in den Korb zu bringen.

Erkenne, daß wir jedes Verhalten konditionieren können, wenn wir es nur häufig genug und mit emotionaler Intensität wiederholen!

143

Ein fundamentales Gesetz des Konditionierens lautet, daß jedes Muster, das kontinuierlich verstärkt wird, zu einer automatischen und konditionierten Reaktion wird. Alles, was wir zu verstärken versäumen, wird irgendwann verschwinden.

Welche Belohnungen – geistig, gefühlsmäßig, physisch – kannst Du Dir selbst geben, um die positiven Gewohnheiten zu schaffen, die Du ersehnst?

Kann man einem Huhn das Tanzen beibringen? Erstaunlicherweise ja, denn alle Tiere – und Menschen – haben ein variables Verhalten.

Das Geheimnis der Trainer besteht darin, die Hühner intensiv zu beobachten. Immer, wenn sie sich ganz von allein in eine Richtung bewegen, unterstützen sie dies sofort mit ein wenig Futter. Zu diesem Zeitpunkt weiß das Huhn nicht, warum es gefüttert wird, aber jedesmal, wenn es sich in die Richtung bewegt, die die Trainer wollen, belohnen (unterstützen) sie es. Irgendwann lernt das Huhn, sich in die gewünschte Richtung zu drehen, und eine Sequenz dessen bildet einen Tanz.

Klar, Menschen sind komplexer als Hühner. Doch bist Du nicht darauf trainiert worden, Dich in der Schule oder am Arbeitsplatz auf eine bestimmte Art zu verhalten? Wie kannst Du dieses Trainingsprinzip nutzen, Dir oder Deinen Angestellten oder Deinen Kindern zu helfen, neue, erfolgreiche Gewohnheiten zu schaffen?

Fehlerfreies Timing ist ein kritischer Punkt, um die Konditionierung effektiv werden zu lassen.

Damit das Verstärken funktioniert, muß es genau in dem Augenblick geschehen, in dem die Person das tut, was Du möchtest. Wenn zuviel Zeit vergeht, bevor das Verhalten entweder negativ oder positiv verstärkt wird, dann wird die Verbindung zwar intellektuell hergestellt, aber nicht gefühlsmäßig im Nervensystem.

Zum Beispiel mögen Leute, die ein Strafmandat bekommen, weil sie in der Zone für Behinderte parken, später einige Unannehmlichkeiten erleiden. Doch da sie die Strafe erst mehrere Wochen später zahlen müssen, neigen Wiederholungstäter dazu, mit diesem Verhalten nicht allzuviel Schmerz zu verbinden. Ich garantiere Dir: Würde deren Wagen jedesmal dann, wenn sie in der Behinderten-Zone parken, sofort explodieren, würde dies nicht nur das alte Muster durchbrechen, sondern auch sofort ein neues Muster etabliert werden.

Konditionierungstechnik Nr. 1 – Übung:

Stelle eine Liste angenehmer Belohnungen auf, die Du Dir sofort erlauben kannst, wenn Du das Richtige getan hast. Dann etabliere eine ganz bestimmte Situation, in der Du eine dieser Belohnungen benutzt, um Dich bewußt zu unterstützen!

Konditionierungstechnik Nr. 2:

Die Beständigkeit der Verstärkung ist sehr wichtig, wenn Du ein Muster konditionieren willst. Jedesmal, wenn Du das gewünschte Verhalten (zum Beispiel: vom Tisch aufzustehen, bevor Du satt bist, oder die Zigarette abzulehnen, die Dir jemand anbietet ...) zeigst, belohne Dich selbst sofort!

Konditionierungstechnik Nr. 3:

Tiertrainer wissen, wenn Du einen Delphin jedes einzelne Mal fütterst, wenn er springt, dann wird er bald nur noch springen, wenn er gefüttert wird. Schlimmer noch, er kann so übersättigt werden, daß er sich überhaupt nicht mehr darum schert, zu springen.

Du und ich, wir sind nicht anders – noch sind es unsere Kinder, Geschäftspartner oder irgend jemand sonst, mit dem wir es zu tun haben. Wenn Du jemanden ständig lobst, wird es langweilig. Ist ein Verhaltensmuster einmal etabliert, ist das Werkzeug der »variablen Unterstützung« weit wirkungsvoller, um es aufrechtzuerhalten. Deshalb laß es nach einem Monat konstanter Unterstützung für ein neues Verhalten auslaufen. Lobe statt dessen Dich und andere spontan!

Variierende Belohnung ist eines der kraftvollsten Konditionierungswerkzeuge auf unserem Planeten. Betrachte zum Beispiel den Reiz, den das Spielen für einige Menschen hat. Wenn sie jedesmal gewinnen würden, wären sie zuerst begeistert, doch nach einer Weile würde es wie das Arbeiten werden (d.h. zieh den ganzen Tag den Griff und werde dafür bezahlt!). Das Drama, nicht genau zu wissen, ob Du nun belohnt wirst oder nicht, erregt das Nervensystem, und dies wiederum verstärkt die Intensität der Freude in dem Augenblick der Belohnung zu einer kraftvoll konditionierenden Erfahrung. Dies ist das »Hochgefühl«, nach dem Menschen süchtig werden. Das gleiche gilt, wenn Du mit dem Rauchen aufhörst und Dir selbst zur »Belohnung« auch nur eine Zigarette spendierst, dann verstärkst Du die Kraft der variierenden Belohnung und damit sogar Deine Sucht. Verhindere um jeden Preis, in diese Falle zu gehen!

Konditionierungstechnik Nr. 4:

Um andauernde Veränderungen herbeizuführen, ist es am effektivsten, zwei Techniken miteinander zu verbinden:

1. Belohne Dich selbst für spezielle Handlungen in festgelegten Abständen (dies ist als »festgelegter Belohnungsfahrplan« bekannt). Zum Beispiel werden Delphine, die darauf trainiert werden, ständig zehnmal hintereinander zu springen, beim zehnten Sprung belohnt – jedesmal! Um jedoch zu gewährleisten, daß sie sich nicht etwa angewöhnen, sich nur beim zehnten Sprung anzustrengen, werden gelegentlich auch andere Sprünge belohnt. Aus diesem Grund springen Delphine immer hoch – wegen der aufregenden Möglichkeit, belohnt zu werden.

2. Deshalb vergewissere Dich, daß Du, um Dich oder andere effektiv zu belohnen, immer einige spezielle Überraschungen für besondere Anstrengungen einbaust.

Erinnerst Du Dich, wie großartig es sich anfühlte, als Du letztes Mal bei der Arbeit einen unerwarteten Bonus bekamst? Eine besondere Anerkennung in der Schule? Ein Überraschungs-Weg-Von-Allem-Wochenende mit Deinem Partner?

150

Konditionierungstechnik Nr. 5:

Eines der wertvollsten Trainingswerkzeuge
– ob bei Menschen oder Delphinen – ist der
Jackpot. Gelegentlich, wenn ein Delphin
keine gute Leistung bringt, verschenkt der
Trainer einfach einen Fisch. Wie es scheint,
tut er dies ohne Grund. Gewöhnlich regt
diese Art von Überraschung den Delphin
dazu an, wieder mit dem Springen zu
beginnen.

Das nächste Mal, wenn Du selbst oder
jemand anderes dabei ist, überrollt zu werden, ist es vielleicht ein Jackpot, der not tut.
Eine besondere Art der Zuwendung, für die
der Mensch nichts leisten muß, die aber
gerade ausreicht, das vorherrschende langweilige Verhaltensmuster zu durchbrechen
und dem Empfänger auf die Sprünge zu
helfen, etwas Neues zu versuchen. Genauso
wichtig ist, daß eine größere Belohnung (für
ausgezeichnetes Verhalten) als erwartet in
Zukunft für außergewöhnliche Leistungen
sorgt.

Kennst Du jemanden, der den Jackpot
heute entweder braucht oder der es verdient, ihn zu knacken?

NAC: Meister-Schritt Nr. 6

Nutze das Folgende, um doppelt abzuchecken, ob Du die vorangegangenen 5 Schritte richtig aufgenommen hast:

1. Vergewissere Dich, daß Du Dein altes Gefühls- oder Verhaltensmuster sofort mit intensivem Schmerz verbindest, wenn Du auch nur daran denkst.

2. Stelle absolut sicher, daß mit Deinem neuen Muster Freude verbunden ist. Wenn Du an Dein neues Verhalten / Gefühl denkst, spürst Du Freude statt Schmerz?

3. Prüfe, ob dieses neue Verhalten mit der Art, wie Du Dein Leben führen möchtest, übereinstimmt. Liegt es mit Deinen Zielen auf einer Linie? Mit Deinen Glaubenssätzen? Deiner Philosophie?

4. Stelle sicher, daß der Nutzen der alten Muster erhalten geblieben ist. Zum Beispiel: Wenn Du geraucht hast, um Deine Nerven zu beruhigen oder Streß abzubauen, hast Du einen neuen, alternativen Weg, diese Dinge zu erreichen, der genauso effektiv ist? Wird Dir das neue Muster gestatten, die angenehmen Gefühle zu spüren, die Du von dem alten Muster bekommen hast?

5. Stelle Dir vor, wie Du Dich in Zukunft auf diese neue Art verhalten wirst: Male Dir etwas aus, das Dein altes Verhalten in Gang gesetzt hätte. Versichere Dir, daß Du automatisch Dein neues Muster statt des alten wählst.

6. Abschnitt

Das Vokabular des Erfolges

Die Kraft transformierender Worte
und
globaler Metaphern

●

»Worte bilden die Perlenschnur,
an der wir unsere Erfahrungen aufreihen.«

Aldous Huxley

152

Bist Du jemals von einem großen Redner tief berührt gewesen? Erinnerst Du Dich noch immer an die Worte eines John F. Kennedy, eines Winston Churchill, eines Martin Luther King? Durch die Kraft ihrer Worte berührten diese Männer nicht nur Dich und mich, sondern ganze Nationen. Und sogar nach ihrem Tod hören sie nicht auf, andere zu berühren.

Aber hast Du jemals innegehalten und über die Kraft nachgedacht, die Du hast, Dich selbst zu inspirieren oder niederzumachen – schlicht und einfach durch die Worte, die Du gewohnheitsmäßig benutzt? Sind die Worte, die Du gebrauchst, aufbauend oder niederschmetternd? Bringen sie Hoffnung oder Verzweiflung? Eine der größten Entdeckungen, die Du machen kannst, ist die Kraft, die Du hast, Deine Erfahrungen auf einen Schlag zu verändern – einfach, indem Du bewußt die Worte auswählst, mit denen Du beschreibst, wie Du Dich fühlst.

153

Worte haben die Kraft, Kriege zu beginnen oder Frieden zu schaffen, Beziehungen zu zerstören oder sie zu festigen. Wie wir uns bei etwas fühlen, wird durch die Bedeutung geformt, die wir ihm verleihen (die wir mit ihm verbinden). Die Worte, die Du bewußt oder unbewußt wählst, um eine Situation zu beschreiben, verändern sofort, was sie für Dich bedeutet, und damit, wie Du Dich fühlst. Wenn Du ein Ereignis Dir selbst gegenüber als niederschmetternd beschreibst, wirst Du Dich dann anders fühlen, als wenn Du es nur ein wenig enttäuschend nennst?

Gibt es einen Unterschied in der gefühlsmäßigen Intensität, wenn man etwas als »ein großes Problem« oder »eine kleinere Herausforderung« bezeichnet?

Was passiert, wenn Du mit mir eine Verinnerlichung teilst und ich Dir sage, daß Du Dich irrst? Was, wenn ich sage, Du liegst falsch? Schlimmer noch, was, wenn ich die Worte wähle: Du lügst?!

Wird das Deine Handlungen beeinflussen?

154

Vor Jahren machte ich eine Entdeckung, die mein Leben für immer verändert hat. Ich war mit zweien meiner Partner bei einem Geschäftstreffen, und wir alle erhielten Nachrichten, die bestimmt waren, negative Konsequenzen nach sich zu ziehen. Doch jeder von uns fühlte darüber in unterschiedlicher Intensität. Mehr noch, ich konnte nicht umhin zu bemerken, daß wir alle auf unterschiedliche Arten beschrieben, was wir fühlten.

Ich war »ärgerlich«, ein Partner war wahrhaft »wütend«, und der Dritte war kaum »unangenehm berührt«. Ich erinnere mich, daß ich dachte, welch ein dummes Wort, um diese Situation zu beschreiben! Ich habe mich nie unangenehm berührt gefühlt. Interessant: Ich habe dieses Gefühl nie gekannt und ich habe dieses Wort nie benutzt, um zu beschreiben, wie ich fühlte. Ich fragte mich: Wenn Du neue Worte annimmst, kannst Du dann Deine Gefühlsmuster verändern?

Aufbauend auf dem oben beschriebenen Treffen, gab ich mir ein 10-Tages-Versprechen, dieses dumme Wort – unangenehm berührt – anzunehmen und es in jeder Situation zu benutzen, in der ich normalerweise sagen würde, daß mich etwas »ärgerlich« oder »wahnsinnig« macht. Die Ergebnisse waren erstaunlich. Indem ich einfach das Wort wechselte, das ich gewohnheitsmäßig benutzt hatte, um meine negativen Gefühle zu beschreiben, senkte ich auch sofort deren Intensität. Zu sagen: »Dies berührt mich unangenehm«, durchbrach mein Muster. Bald nahm ich andere Worte an, wie: »Du fängst an, mich zu verdrießen«. Kannst Du Dir vorstellen, das zu jemanden, der Dich aufgeregt hat, zu sagen und dabei ein ernstes Gesicht zu behalten?

Wähle ein Wort, das Du gewohnheitsmäßig benutzt, um Deine negativen Gefühle zu beschreiben, und laß Dir ein alternatives Wort einfallen, das Dein Muster durchbrechen oder doch zumindest Deine Gefühlsintensität senken wird.

156

Wenn Du ein anderes Wort für eine Erfahrung benutzt, als Du es normalerweise tust, versiehst Du sie mit einem neuen Etikett. Das ist genauso, als würdest Du einen anderen biochemischen Knopf drücken: Du veränderst Dich nicht nur intellektuell, sondern Du veränderst, wie Du emotional fühlst. Worte sind Auslöser. Wenn Du dies bezweifelst, male Dir aus, wie Dich jemand mit einem Schimpfwort anredet. Höchstwahrscheinlich wird dies einen physiologischen, nicht nur einen mentalen Wandel in Dir auslösen.

Diese Kraft, Gefühle sofort zu transformieren, ihre Intensität zu senken oder zu erhöhen, nenne ich »Transformations-Vokabular«. Stelle einfach Dein gewöhnliches Vokabular – die Worte, die Du ständig benutzt, um Deine Gefühle und Empfindungen zu beschreiben – um und verändere im Handumdrehen, wie Du denkst, fühlst und lebst. Dies ist eines der einfachsten, doch kraftvollsten Werkzeuge, um jedermanns Leben sofort zu verändern.

Die meisten von uns wählen die Wörter, die wir ständig benutzen, um unsere Lebenserfahrung zu beschreiben, unbewußt. Oft nehmen wir Worte auf, um unsere Gefühle zu beschreiben, ohne jemals darüber nachzudenken, welchen potentiellen Einfluß sie auf uns oder andere haben werden. Diese Worte werden Teil unseres gewohnheitsmäßigen Vokabulars und formen geradezu, was wir von unserem Leben halten.

Zum Beispiel benutzen viele Menschen regelmäßig Worte wie »Erniedrigung« oder »Depression«, um beinahe jede unangenehme Erfahrung zu beschreiben. Sage etwas, was ihnen nicht gefällt, und sie fühlen sich ernierigt oder deprimiert. Alles erniedrigt oder deprimiert sie, weil sie dieses Wort an beinahe jede Erfahrung heften. Es ist sehr wichtig, Dein emotionales Vokabular auszuweiten, so daß die Worte, die Du aussuchst, die emotionalen Zustände hervorrufen, die Du Dir wünschst und die Du verdienst.

158

Wie wichtig ist die Sprache beim Gestalten unserer Erfahrungen im Leben?

Sie ist absolut fundamental. Ganz einfach: Die Worte, die wir unseren Erfahrungen verleihen, werden zu unseren Erfahrungen.

Mark Twain sagte einmal:

»Eine kraftvoll wirkende Macht ist das richtige Wort. Wann immer wir auf eines dieser so immens passenden Worte stoßen, ist die Wirkung nicht nur physisch und geistig, sie ist auch elektrisierend schnell.«

Welche Worte haben bei Dir den kraftvollsten Effekt? Sind es Worte der Zärtlichkeit? Kosenamen? Aufrufe? Übertreibungen?

Das Vokabular der meisten Menschen besteht nur aus einigen tausend Wörtern. Wenn du bedenkst, daß Englisch – die verbreitetste Sprache der Welt – zwischen einer halben und einer dreiviertel Million Worte besitzt, bedeutet dies, daß wir normalerweise nur 2% unserer Sprache gebrauchen. Schlimmer noch, die meisten Menschen benutzen nur ein Dutzend Worte, im Höchstfall vielleicht zwanzig, um ihre ständigen Gefühle zu beschreiben. Und von diesen ist in der Regel die Hälfte – oder mehr – negativ.

Wieviele Worte benutzt Du gewohnheitsmäßig, um zu beschreiben, wie Du Dich fühlst, Dir selbst oder anderen gegenüber? Wieviele kannst Du jetzt, in diesem Augenblick, aufschreiben?

Wirst Du immer nervös, wenn Du vor einer Gruppe von Menschen sprechen mußt? Zieht sich Dein Magen zusammen? Wird Dein Atem schneller? Rast Dein Puls? Zittern Deine Hände? Diese Empfindungen hielten Carly Simon jahrelang von öffentlichen Auftritten ab. Wie auch immer, andere Unterhaltungskünstler haben entdeckt, wie sie dies zu ihrem Vorteil nutzen können.

Bruce Springsteen zum Beispiel bezeichnet genau diese Empfindungen als »freudige Erregung« und sieht sie als natürlichen und positiven Teil seiner Vorbereitung zum Auftritt. Diese Empfindungen erinnern ihn daran, daß er dabei ist, die unglaublich kraftvolle Erfahrung zu machen, Tausende von Menschen zu unterhalten. Für ihn ist das Schnellerwerden des Pulses kein Feind, sondern ein Verbündeter.

Wenn Du das nächste Mal weißt, daß Du der Mittelpunkt des Interesses sein wirst, ist es vielleicht an der Zeit, diesen Adrenalinstoß als »freudige Erregung« statt als Furcht zu schätzen.

Haben wir einer Sache erst einmal ein Etikett verpaßt, schaffen wir ein entsprechendes Gefühl. Nirgendwo trifft dies mehr zu als bei Krankheiten. Untersuchungen haben gezeigt, daß die Diagnosen »Krebs« oder »Herzkrankheiten« beim Patienten häufig Panik auslösen, die zu Hilflosigkeit und Depressionen führt und dies kann das Immunsystem tatsächlich schwächen. Umgekehrt haben Untersuchungen folgendes gezeigt: Befreit man Patienten von den Depressionen, die durch manches Etikett ausgelöst werden, oder mildert sie, und versteht der Patient ganz eindeutig, was der Körper tun muß, um gesund zu werden, dann erfährt das Immunsystem oft eine sofortige Steigerung.

Als wir das transformatorische Vokabular diskutierten, drückte es Dr. Norman Cousins am besten aus: »Worte können Krankheiten auslösen; Worte können töten. Deshalb sind weise Ärzte sehr vorsichtig im Umgang mit der Sprache ...«

Wähle vorsichtig jene Worte aus, mit denen Du Deine Gesundheit beschreibst!

Menschen mit verarmtem Sprachschatz leben gefühlsmäßig ein verarmtes Leben. Menschen mit einem reichen Vokabular haben eine viel buntere Palette der Farben zur Verfügung, mit denen sie die Erfahrungen ihres Lebens ausmalen, nicht nur für andere, sondern auch für sich selbst.

Was kannst Du heute tun, um Deine emotionale Palette zu erweitern? Welche positiven und gefühlsmäßig aufbauenden Worte kannst Du Deinem gewöhnlichen Vokabular hinzufügen? Wenn Du die Worte ständig benutzt, um wieviel lebenswerter würde Dein Leben?

Kennst Du jemanden, der ein außergewöhnlich glückliches, oder jemanden, der ein leidenschaftliches Leben führt? Welche Wörter benutzen diese Menschen ständig? Kannst Du sie modellieren und dabei einige ihrer positiven emotionalen Muster übernehmen?

Hast Du beschlossen, daß es höchste Zeit ist, das Werkzeug des »Transformativen Vokabulars« zu benutzen und Deine gewohnheitsmäßigen, schwächenden Worte durch inspirierende zu ersetzen? Mach folgendes:

1. Schreibe drei Worte auf, die Du regelmäßig benutzt, wenn Du Dich elend fühlst.

2. Versetze Dich in einen spielerischen, vielleicht sogar übertrieben fröhlichen Zustand. Laß Dir neue Worte durch den Kopf gehen, mit denen Du Dein Muster durchbrechen oder zumindest Deine emotionale Intensität senken kannst. Wähle Worte, die so verrückt, so abgehoben oder derart unpassend sind, daß sie die negative Schwungkraft brechen und spontan einen gewissen Spaß auslösen. Einer der Gründe, warum ich jetzt »verdrießen« oder »plagen« sage, ist, daß sie so albern klingen. Ich kann »verdrießen« nicht mit einem ernsten Gesicht sagen.

165

Negative emotionale Intensität kann durch den Gebrauch von Modifizierern und »Weichmachern« abgefedert werden.

Während Du »verdrießlich« statt »ärgerlich« benutzt, warum nicht auch einige dieser Phrasen ausprobieren: »Ich werde ein wenig verdrießlich«, »Ich fühle mich einen Hauch unpäßlich.« »Ich fange an, eine Spur schrullig zu werden.« »Nun, ja, aber ist das nicht einen Deut unbequem?«

166

Wie kommunizierst Du mit Deinen Kindern? Häufig machen wir uns nicht klar, welchen Eindruck unsere Worte auf sie machen. Statt herauszuplatzen: »Du bist so ungeschickt« oder »Warum kannst Du nicht ruhig sein?« – Bemerkungen, die das Selbstwertgefühl eines Kindes sehr stark untergraben können –, versuche doch, ihr oder sein Muster mit Humor zu unterbrechen. Du kannst zum Beispiel mit einem lächelnden Gesicht sagen: »Wenn Du weiter auf dieser Tour reitest, könnte ich eine Spur schrullig werden.« Sage etwas, was nicht nur Deinen, sondern auch den Fokus Deines Kindes verändert und gleichzeitig den Weg für angemessenes Sprechen und Verhalten freimacht. Dann fahre mit einer Anregung wie dieser fort: »Schatz, wenn Du dies anders machst, dann wirst Du – glaube ich – bekommen, was Du wirklich möchtest.«

167

Hier erfährst Du, wie Du genug Schwungkraft bekommst, um damit anzufangen, das
Transformations-Vokabular regelmäßig zu
benutzen:

1. Sprich drei Deiner Freunde an und sage
   ihnen, welche Worte oder Redewendungen Du aus Deinem gewohnten
   Sprachschatz entfernen möchtest und
   wie die drei neuen Worte oder Redewendungen lauten.
2. Beobachte Dich in den nächsten zehn
   Tagen selbst. Wenn Du Dich dabei
   ertappst, wie Du das alte Wort benutzt,
   unterbrich das Muster sofort mit dem
   neuen Wort. Erwischst Du Dich hingegen dabei, wie Du automatisch das
   neue Wort gebrauchst, belohne Dich
   sofort.
3. Deine Freunde sollen Dir helfen, auf
   dem richtigen Weg zu bleiben. Jedesmal, wenn sie bemerken, wie Du eines
   Deiner alten Worte benutzt, müssen sie
   Dich korrigieren. (Zum Beispiel: »Bist
   Du verrückt oder nur ein wenig verdrießlich?« »Bist Du frustriert oder fasziniert?«)

Müssen wir die Intensität negativer Gefühle immer mildern? Nein, ganz gewiß nicht – alle menschlichen Gefühle haben ihren Platz.

Zum Beispiel müssen sich einige Menschen manchmal ärgern, um genügend Antriebskraft zu entwicklen, Änderungen vorzunehmen. Trotzdem wollen wir nicht als ersten Akt unserer Handlungen zu unseren negativsten und intensivsten Zuständen greifen, ebensowenig wenn diese Gefühle unberechtigt, unnötig oder unpassend sind. Das Ziel ist einfach, beständig weniger Schmerz und mehr Freude in unserem Leben zu finden.

169

Das Transformations-Vokabular hilft uns nicht nur, schmerzhafte Muster auszuschalten, es kann auch unsere Freude vergrößern. Beginne, Deine Erfahrung positver Gefühle zu vertiefen, indem Du diese Übung machst:

1. Schreibe drei Worte oder Redewendungen auf, die Du regelmäßig benutzt, um Deinen positiven Zustand zu beschreiben. Sind sie ein wenig einfallslos?
2. Denke Dir drei neue Worte oder Redewendungen aus, die Dich total begeistern.
3. Hole Dir die Unterstützung dreier Deiner Freunde, um Deinen neuen Standard aufrecht zu erhalten. (Zum Beispiel: Bist Du interessiert oder bist Du absolut nicht mehr aufzuhalten? Macht Dich dies glücklich oder bist Du überschwenglich und voller Leidenschaft?) Wenn Du Dir selbst in den nächsten Tagen genug Schwungkraft verleihst, kannst Du diese neuen Worte effektiv nutzen.

170

Nicht nur Worte haben eine kraftvolle Wirkung auf unsere Gefühle, sondern auch bestimmte Ausdrücke, die wir als Metapher gebrauchen. Du kannst zum Beispiel sagen: »Ich ärgere mich über John!« Oder Du kannst die Metapher benutzen: »John ist mir in den Rücken gefallen!« Welche Beschreibung ist intensiver? Ohne Zweifel wird Dich der Gedanke, daß Dir jemand in den Rücken gefallen ist, tiefer beeindrucken.

Wenn Du eine Metapher benutzt, beschreibst Du nicht Deine aktuelle Erfahrung, sondern Du beschreibst, wie sie Dir vorkommt. Oft sind Metaphern viel härter als die Realität. Was hat John wirklich getan? Vielleicht ein Versprechen nicht gehalten, aber besteht nicht zwischen dieser Tat und »in den Rücken fallen« ein großer Unterschied?

Welche Metapher benutzt Du ständig, um schmerzhafte oder frustrierende Erfahrungen zu beschreiben?

Lernen bedeutet, eine Verbindung herzustellen zwischen einer Sache, die Du bereits verstehst, und etwas Neuem. Eine Möglichkeit, dies zu tun, ist eine Metapher als Vergleich zu verwenden.

Unabhängig vom Glauben sind sich die meisten Menschen einig, daß Jesus Christus ein bemerkenswerter Lehrer war. Wie lehrte er? Er benutzte Metaphern. Wenn er auf Fischer zuging, sagte er nicht, »Ich möchte, daß ihr hinausgeht und Christen rekrutiert,« sondern er sagte: »Ich möchte, daß ihr Menschenfischer werdet.« Indem er die Metapher des Fischens – etwas, was sie bereits kannten – mit einer neuen Idee (das Christentum teilen) verband, erklärte er ihnen den ganzen Verlauf auf Anhieb. Eine Metapher kann Dich von einer Minute zur anderen aus der Dunkelheit des Mißverstehens zum Licht der Klarheit führen.

Wenn Du Dir das nächste Mal nicht ganz klar bist, dann frage: »Womit hat es Ähnlichkeit? Kannst Du mir eine Metapher – ein Gleichnis – nennen?«

Auch wenn es uns nicht bewußt ist, so benutzen wir dennoch ständig Metaphern, um einzelne Aspekte unseres Lebens zu beschreiben.

Metaphern formen die Perspektive unseres Lebens. Wenn ich Dich zum Beispiel bitte, mir zu beschreiben: »Wie ist das Leben? Sag' mir eine Metapher? Wie ist es?«, dann kannst Du es als Schlacht beschreiben. Jemand anderes mag es ein Spiel nennen, einen Test oder einen Tanz. Dieses sind globale Metaphern, weil sie viele verschiedene Aspekte Deines Lebens gleichzeitig berühren.

Wenn Du alles aus der Perspektive heraus angehst, daß das Leben eine Schlacht ist, wie ist das Leben dann? Es ist hart, Du kannst verlieren oder getötet werden. Der erste Mensch, den Du auf der Straße triffst, kann Dein Feind sein. Wie ist es, wenn das Leben ein Spiel ist? Dann kann es Spaß machen. Und wie ist es, wenn das Leben ein Tanz ist? Vielleicht hat es einen natürlichen Rhythmus!

173

Welche Metapher ist für Dich die richtige?
Wahrscheinlich sind alle Metaphern zu
gebrauchen – zu unterschiedlichen Zeiten.
Manchmal muß das Leben für Dich ein Spiel
sein, so daß Deine Perspektive spielerischer
wird. Manchmal mußt Du es wie eine heilige Reise ansehen, so daß Du die Geschenke, seien es Freunde, Familie oder Gelegenheiten, schätzt, die Dir gegeben werden.
Manchmal ist es nützlich, das Leben nur als
einen Test oder eine Herausforderung anzusehen, besonders wenn Du Dich in einer
Situation befindest, die keine positive Seite
zu haben scheint. Wenn Du einen anderen
Weg suchst, das Leben zu beschreiben,
wirst Du automatisch auf eine ganz neue Art
und Weise denken, fühlen und auf Situationen reagieren.

Wieviele andere positive Metaphern
kannst Du benutzen, um zu beschreiben,
was das Leben wirklich für Dich bedeutet?
Stelle eine Liste auf – jetzt!

174

Was würde mit Deinem Streß-Pegel geschehen, wenn Du beständig die Bewältigung verschiedener Herausforderungen nicht »sich abstrampeln«, oder »den Kopf über Wasser halten«, sondern ganz anders, nämlich »die Leiter des Erfolges hinaufsteigen« nennen würdest? Fühlst Du Dich anders, wenn Du einen Test machen mußt und davon sprichst, daß Du schon durchkommen – statt durchrasseln – wirst? Würde sich Dein Zeitgefühl ändern, wenn Du behauptest, die Zeit fliegt, statt die Zeit kriecht? Da kannst Du aber darauf wetten!

Welche Metaphern benutzt Du, um die Dinge zu beschreiben, die Du jeden Tag tust? Wie beeinflussen sie Dein Gefühl? Welche neuen Metaphern kannst Du benutzen, um effektiver zu werden und Dein Leben freudiger zu gestalten?

Metaphern können Hoffnung erzeugen. Wenn die Dinge »schwarz« aussehen, denken die Menschen oft: »Dies wird immer so bleiben.«

Wähle stattdessen eine Metapher, der Du Dir sicher bist. »Das Leben hat seine Jahreszeiten, und ich bin gerade im Winter.« Denke daran, manche Menschen frieren im Winter, andere laufen Ski! Und außerdem, was kommt danach?

Frühling – gerade wie der Tag der Nacht folgt. Die Sonne kommt heraus und Du kannst neue Samen säen. Dann kommt der Sommer und schließlich der Herbst, und dann kannst Du Deine Belohnungen ernten.

Manchmal laufen die Dinge nicht genau wie geplant – aber wenn Du dem Kreislauf der Jahreszeiten vertraust, dann weißt Du, daß Du auf lange Sicht die Ernte einfahren wirst, die Du gesät hast.

176

Wenn Du das Gefühl hast, daß Dich etwas »zurückhält« oder daß da eine Mauer ist, die Deinen Fortschritt abblockt, dann achte auf die Metaphern, die Du benutzt. Häufig wirst Du feststellen, daß Du eine gebrauchst, die Dich daran hindert, die Ressourcen, die Du für Lösungen hättest, anzuzapfen. Es ist schwierig, mit einer Mauer oder mit etwas »Unsichtbarem«, das Dich zurückhält, zurechtzukommen.

Da aber Du derjenige bist, der die Metapher gewählt hat, kannst Du sie auch genauso einfach wieder verändern. Wenn Du das Gefühl hast, gegen eine Wand zu rennen, warum nicht damit aufhören und ein Loch hineinbohren? Oder darüber klettern? Oder einen Tunnel graben? Oder einfach die Tür öffnen und hindurchgehen? Oder die Mauer als Sprungbrett benutzen? Deine Metapher zu ändern wird die Art und Weise ändern, in der Du mit allem umgehst.

Um Dich selbst an die Kraft der Beharrlichkeit zu erinnern, denke einmal über die Metapher vom Steinmetz nach. Wie bricht er einen riesigen Felsbrocken auf? Er hämmert so heftig, wie er nur kann. Der erste Schlag hinterläßt noch nicht einmal einen Kratzer, aber er schlägt wieder – und immer wieder.

Er macht weiter, sogar, wenn seine Hämmerei nutzlos erscheint. Aber er weiß, daß dies nicht bedeutet, daß dies keinen Fortschritt mache – nur weil er keinen direkten Erfolg sieht. So hämmert er weiter auf den Felsen ein. Plötzlich springt nicht nur etwas Felsen ab, sondern er bricht buchstäblich in zwei Teile. Spaltete etwa der letzte Schlag den Felsbrocken? Nein, natürlich nicht. Es war der konstante Druck, der auf die vorliegende Herausforderung ausgeübt wurde.

Wie kannst Du diese Metapher auf Dein Leben übertragen, um leidenschaftlich zu beharren?

Eine globale Metapher zu verändern kann im Handumdrehen die Art und Weise transformieren, wie Du Dein ganzes Leben siehst. In einem meiner Seminare war eine Frau, die an allem etwas auszusetzen hatte – der Raum war zu heiß, dann zu kalt, die Person, die vor ihr saß, war zu groß. Viele Menschen betrachteten sie als »Pein«, aber da ich weiß, daß jedes Verhalten vom Glauben gesteuert wird, suchte ich nach dem Glaubenssatz oder der Metapher, die verursachte, daß sie alle verrückt machte. Schließlich deckte ich es auf: »Kleine Lecks lassen das Schiff untergehen.« Wenn Du denken würdest, alles, was nicht in Ordnung ist, kann Dein Schiff untergehen lassen, wärest Du dann nicht auch ein wenig fanatisch?

Mit einer neuen globalen Metapher machte sie eine totale Kehrtwendung und wurde der Klassenclown.

Welche Deiner globalen Metaphern können Dein Schiff untergehen lassen?

Oft sind die Metaphern, die wir in einem bestimmten Kontext benutzen, wie zum Beispiel im Kontext der Arbeit, für andere Zusammenhänge, wie z.B. unsere Beziehungen, nicht passend. Ein Mann, den ich kannte, war von seiner Familie gefühlsmäßig so weit entfernt, daß seine Familie überhaupt keine Verbindung zu ihm spürte. Er drückte niemals seine wahren Gefühle aus, und es schien, als hätte er sie immer unter Kontrolle. Rate mal, was er beruflich machte! Er war Fluglotse. Die absolute Basis seines Jobs war, immer vollkommen ruhig und objektiv zu bleiben, sogar in einem Notfall, um so ja nicht die Piloten zu beunruhigen, die er leitete. Während diese Haltung bei seiner Arbeit unbedingt nötig war, funktionierte sie zu Hause nicht.

Müssen einige Deiner Metaphern durch andere – für Deine Situation geeignetere – ausgewechselt werden? Kannst Du einem Freund mit diesem Wissen helfen?

Entdecke Deine Metaphern und kontrolliere sie mit folgender Übung:

1. Schreibe einige der Metaphern auf, die Du für »Leben« hast. Gehe Deine Liste durch und frage Dich: »Wenn das Leben so ist, wie finde ich es dann?« Welche Vorzüge und Nachteile werden von dieser Metapher geschaffen?

2. Schreibe alle Metaphern auf, die Du mit ein oder zwei wichtigen Aspekten Deines Lebens in Zusammenhang bringst, wie z. B. Deinen Beziehungen oder Deinem Geschäft. Sind diese Metaphern aufbauend oder abbauend? Schon zu sehen, daß sie da sind, kann Dir helfen, sie zu verändern.

3. Schaffe neue, unterstützendere Metaphern für das Leben und für jedes der anderen Gebiete, die Du fokussiert hast.

4. Beschließe, für die nächsten 30 Tage mit diesen neuen Metaphern zu leben, und erinnere Dich z.B. selbst ständig daran, daß das Geschäftsleben ist wie....

Manchmal ist eine Metapher der beste Weg, jemandem zu helfen.

Als mein erster Sohn Josh sechs Jahre alt war, starb einer seiner Freunde, und er kam tränenüberströmt nach Hause. »Schatz«, sagte ich, »ich weiß, wie Dir zumute ist. Aber das kommt nur daher, weil Du immer noch eine Raupe bist.« Dieser Satz durchbrach sein Muster. Dann erklärte ich ihm, daß eine Raupe, die in ihrem Kokon eingeschlossen ist, aussieht, als würde sie sterben. »Aber was geschieht wirklich?« fragte ich Josh. »Sie verwandelt sich in einen Schmetterling«, antwortete er. »Das ist richtig«, sagte ich. »Dies ist der Anfang eines ganz neuen Lebens. Du siehst Deinen Freund nicht, weil er in Wirklichkeit gerade über Dich hinwegfliegt, schöner und kraftvoller als je zuvor. Manchmal müssen wir darauf vertrauen, daß Gott weiß, wann es für uns Zeit ist, zum Schmetterling zu werden ....

7. Abschnitt

Wie man seine Aktionssignale nutzt

Gefühle

●

»Es kann keine Umwandlung der
Dunkelheit zum Licht,
der Gefühllosigkeit zur Rührung geben
ohne Gefühl«

C. G. Jung

Du bist der Ursprung all Deiner Gefühle. In jedem Augenblick kannst Du sie schaffen oder verändern.

So, und warum tun wir es nicht? Für die meisten von uns ist es ganz natürlich, sich schlecht zu fühlen, wir brauchen jedoch einen Grund, um uns gut zu fühlen. Aber Du brauchst keine Ausrede, um Dir zu erlauben, Dich gut zu fühlen. Du kannst – jetzt, in diesem Augenblick – entscheiden, Dich gut zu fühlen, schlicht und einfach, weil Du am Leben bist, schlicht und einfach, weil Du es willst! Du mußt auf nichts und niemanden warten!

Welches ist die beste Art, mit negativen Gefühlen umzugehen? Da gibt es mehrere alltägliche, unwirksame Reaktionen: Du kannst Deine Gefühle ignorieren, selbstverständlich verschwinden sie dadurch nicht. Du kannst sie unterdrücken, aber dann kommen sie auf andere Art und Weise wieder heraus. Du kannst Dich in ihnen suhlen und Dir selbst leidtun, aber das verändert nichts! Du kannst auch versuchen, Dich mit anderen zu messen, indem Du sagst: »Du glaubst, Dir geht es schlecht? Mir geht es noch viel schlechter!«

Natürlich, intelligenter ist es, sie zu transformieren, indem Du Dich effektiv mit der Situation auseinandersetzt, nach Lösungen suchst, von Deinen Gefühlen lernst und sie benutzt, Dein und das Leben all derer, denen Du zu begegnen das Vergnügen hast, zu verbessern.

184

Begreife, daß Dir alle Gefühle dienen. Jene, die Du einst für negative Gefühle gehalten hast, sind nichts weiter als Aufrufe zu handeln. Wenn Du Dich zum Beispiel frustriert fühlst (und wir werden dies später genauer erforschen), heißt das, daß Du glaubst, die Dinge könnten besser sein, sie es aber nicht sind? Deine Gefühle sind ein Aufruf zu handeln, der Dir sagt, daß es da etwas gibt, das Du tun mußt, um es jetzt zu verbessern. Dieses »negative Gefühl« ist in Wirklichkeit ein Geschenk, wenn Du es effektiv nutzt!

Wenn Du von nun an an etwas denkst, das Du ein negatives Gefühl zu nennen pflegst, dann denke daran, daß es ein Aufruf zu handeln ist, ein »Aktionssignal«.

Solltest Du je in einer Situation Deines Lebens Schmerz verspüren, so ist dies entweder die Folge Deiner Art, die Dinge zu betrachten – Deiner Sichtweise, Deines Fokus – oder das Ergebnis dessen, was Du gerade tust (Deiner derzeitigen Handlungen, Deines derzeitigen Ansatzes). Wir werden dies Dein »Verfahren« nennen.

Wenn Dir nicht gefällt, was Du fühlst, verändere entweder Deinen Fokus, Deine Sichtweise, oder ändere einfach das, was Du tust – Deinen Problemlösungsansatz –, und Du wirst einen sofortigen Unterschied in Deinen Gefühlen ausmachen.

Entdecke neue Wege, mit Deinem Partner umzugehen oder mit Deinem Chef zu sprechen – oder verändere Deine Sichtweise, Deinen Standpunkt – alle müßten Deinem Standpunkt zustimmen.

186

Wann immer Du schmerzhafte Gefühle spürst, gibt es fünf Schritte, die Du schnell ausführen kannst, um von diesen »Aktionssignalen« zu lernen und sie zu nutzen:

1. Finde heraus, was Du wirklich fühlst.
2. Nimm Deine Gefühle wahr und sei ihnen dankbar. Sei Dir bewußt, daß sie Dich auf einer Ebene dabei unterstützen, eine positive Veränderung herbeizuführen, weil sie Dich auffordern zu handeln.
3. Werde neugierig! Erkenne, daß dieses Gefühl Dir eine Botschaft anbietet, etwas zu verändern! Mußt Du Deine Sichtweise oder Dein Verfahren ändern?
4. Sei zuversichtlich, daß Du mit diesen Gefühlen sofort umgehen kannst, denn das hast Du in der Vergangenheit auch gekonnt. Erinnere Dich an die Zeit, als Du mit diesem Gefühl erfolgreich umgegangen bist, und übernimm, was Du damals getan hast, um herauszufinden, was Du heute (jetzt) und in Zukunft tun mußt.
5. Werde unruhig – und handle!

In der Hitze des Gefechtes »neugierig« auf Deine Gefühle zu sein kann schwer werden. Hier sind vier Fragen, die Du Dir selbst stellen kannst, um auf den Pfad des »Lernens und Nutzens« Deiner Aktionssignale zu gelangen:

1. Wie möchte ich mich jetzt wirklich fühlen?
2. Was müßte ich tun, um mich so zu fühlen?
3. Was bin ich bereit zu tun, um jetzt eine Lösung zu finden und diese Situation zu bewältigen?
4. Was kann ich aus all dem lernen?

188

Um Sicherheit in Deiner Fähigkeit, mit negativen Gefühlen umzugehen, zu bekommen, erinnere Dich an eine Zeit, in der Du Dich ebenso gefühlst hast. Erkenne, daß Du dieses Gefühl schon einmal erfolgreich gehandhabt hast.

Erinnerst Du Dich an eine Zeit, in der Du deprimiert warst und hast es verändert? Oder Du warst frustriert und überwältigt, doch Du verändertest Deine Sichtweise – Deinen Fokus – und fühltest Dich in Deiner Mitte?

Übernimm Deine eigenen erfolgreichen Handlungen aus der Vergangenheit. Was hast Du gemacht, das funktionierte? Hast Du etwas anderes fokussiert? Hast Du Dir selbst eine bessere Frage gestellt? Hast Du Dein Muster durchbrochen, indem Du Dich physisch verändert hast, vielleicht, weil Du spazierengegangen bist und in einem ausgeglichenerem Zustand zurückkamst?

Wenn Du jenes Gefühl wieder spürst, nutze dieselben Strategien wie in der Vergangenheit, um es zu verändern.

189

Spiele mental durch, wie Du mit potentiell schwierigen Situationen, die negative Gefühle auslösen können, umgehst. Sieh, höre und fühle, wie Du diese Situation leicht meisterst, und zwar so lange, bis Du Dich selbst mit einem Gefühl der Gewißheit, mit allem, was passieren kann, vertrauensvoll und kraftvoll umgehen zu können, konditioniert hast.

Meine Philosophie lautet: »Töte das Monster, solange es klein ist!« Die beste Zeit, mit einer negativen Emotion umzugehen, ist, wenn Du anfängst, sie zu fühlen. Es ist sehr viel schwerer, ein gefühlsmäßiges Muster zu durchbrechen, wenn es ausgewachsen ist.

191

Aktions-Signal Nr. 1

Unangenehme Gefühle, wie *Langeweile, Ungeduld, Unruhe, Erschöpfung* oder *Verlegenheit,* senden Dir die nagende Botschaft, daß etwas nicht ganz in Ordnung ist. Entweder macht Dich Deine Sichtweise der Situation unzufrieden, oder Deine derzeitigen Handlungen unterstützen Dein Ziel nicht.

Die Lösung:

1. Nutze die Fähigkeiten, die Du in Kapitel 2 dieses Buches gelernt hast, um Deinen emotionalen Zustand im Handumdrehen zu verändern.
2. Kläre ab, wie Du dich jetzt fühlen möchtest oder was Du erreichen willst.
3. Ändere oder verbessere Deine Handlungen. Versuche es mit einem leicht veränderten Ansatz, um zu sehen, ob Du die Art und Weise, wie Du über diese Situation empfindest, im Handumdrehen verändern kannst, oder ob Du die Ergebnisse verändern kannst. Wie alle Gefühle, mit denen wir nicht arbeiten, können sich »Aktionssignal-1-Gefühle« zu etwas stärkerem, vielleicht dem »Aktionssignal 2« auswachsen.

192

Aktions-Signal Nr. 2

Wenn wir uns nicht mit den Situationen, die uns *unangenehm* sind, auseinandersetzen, wachsen sie sich oft zu Furcht aus. Die Gefühle von *Furcht, Widerwillen, Sorge und Angst* sind schlicht und einfach ein Aufruf, daß Du auf das, was geschieht, besser vorbereitet sein mußt.

Die Lösung:

1. Denke an die Situation, vor der Du Dich fürchtest, und entscheide, was Du jetzt tun mußt, um Dich mental oder physisch darauf vorzubereiten.
2. Finde heraus, was Du tun mußt, um mit der Situation auf die effektivste Weise, die möglich ist, umzugehen.
3. Hast Du Dich vorbereitet, entschließe Dich aufzuhören, Dich zu sorgen, und visualisiere, wie Du beständig und erfolgreich diese Situation meisterst. Tue dies, bis Du ein Gefühl des andauernden Vertauens empfindest.

Aktions-Signal Nr. 3

Das Aktionssignal des *Verletztseins* kommt von einem Gefühl des *Verlustes*. Das Gefühl des Verlustes ist oft eine Illusion.

Diese Aktions-Signal ruft uns dazu auf, unsere Sichtweise zu ändern oder zu erkennen, daß unsere Erwartungen unangemessen sind.

Die Lösung:

1. Erkenne, daß Du in Wahrheit nichts verloren hast. Erhobene Stimmen bedeuten nicht unbedingt, daß Dich jemand nicht mehr liebt.
2. Bewerte die Situation noch einmal, indem Du Dich fragst: Ist es möglich, daß ich in Wirklichkeit etwas gewonnen habe? Habe ich die Situation zu schnell und zu hart beurteilt?
3. Sprich über Deine Gefühle – so elegant und so angemessen wie möglich – mit demjenigen, den Du als Ursprung ansiehst: »Ich weiß, daß Dir wirklich an mir gelegen ist. Kannst Du mir erklären, was wirklich geschehen ist?«

194

Aktions-Signal Nr. 4

Das Aktionssignal des *Ärgers, Verdrusses, Grolles* oder der *Wut* ist ein kraftvolles Gefühl. Seine Ursprünge sind Gefühle von Schmerz, mit denen wir uns nicht auseinandergesetzt haben. Dieses Aktions-Signal sagt uns, daß eines unserer wichtigen Prinzipien oder eine unserer Regeln von uns oder jemand anderem verletzt worden sind.

Die Lösung:

1. Erkenne, daß Du vielleicht falsch verstanden hast und daß die Person, von der Du glaubst, sie habe Deine Regeln verletzt, noch nicht einmal weiß, daß sie sie gebrochen hat.
2. Mache Dir klar, daß Deine Regeln nicht unbedingt die »richtigen« Regeln sind (das ist manchmal schwierig).
3. Unterbrich den Ärger, indem Du Dir selbst Fragen wie diese stellst: »Ist es am Ende wahr, daß mich diese Person wirklich mag? Was kann ich hieraus lernen? Wie kann ich die Bedeutung meines Prinzips klar machen?«

195

Aktions-Signal Nr. 5

Das Aktionssignal von *Frustration* bedeutet, daß Du trotz Deines im Augenblick fehlenden Erfolges auf einer Ebene glaubst, daß etwas, was du tust, besser gemacht werden könnte – daß Du ein besseres Ergebnis erzielen könntest. Dies ist ein Handlungsaufruf, der Dir sagt: Ändere Deinen Ansatz, und Du kannst noch immer das, was Du willst, erreichen.

Die Lösung:

1. Sei flexibel! Erkenne, daß Frustration Dein Freund ist, und laß Dir alle Möglichkeiten durch den Kopf gehen, wie Du auf neuen Wegen Resultate erzielen kannst.
2. Finde ein Vorbild, jemanden, der einen Weg gefunden hat, das, was Du möchtest, zu bekommen, und lerne von ihm oder ihr.
3. Laß Dich von dem, was Du lernen kannst, um diese Herausforderung zu meistern, so faszinieren, daß dies dann nicht nur wenig Zeit und Energie kostet, sondern sogar Spaß macht!

196

Aktions-Signal Nr. 6

Das Aktionssignal der *Enttäuschung* ist das schmerzhafte Gefühl, im Stich gelassen worden zu sein – ausgehend von der Annahme, daß du dabei bist, etwas für immer zu verpassen. Dieses Signal fordert Dich auf, Deine Erwartungen zu verändern.

Die Lösung:

1. Finde heraus, was Du von dieser Situation lernen kannst, oder ändere Deine Erwartungen.
2. Lege ein neues, noch inspirierenderes Ziel fest, auf das Du Dich sofort zubewegen kannst.
3. Erkenne, daß Du vielleicht zu schnell verurteilst. Häufig sind die Dinge, über die Du enttäuscht bist, nur vorübergehende Hürden.
4. Bewahre Geduld. Bestimme noch einmal, was Du wirklich willst, und fange an, einen noch wirkungsvolleren Plan zu entwickeln, um es zu erreichen.
5. Entwickle eine positive Erwartungshaltung darüber, was in der Zukunft geschehen wird, ohne Berücksichtigung dessen, was in der Vergangenheit geschehen ist.

197

Aktions-Signal Nr. 7

Das Aktionssignal der *Schuld* sagt Dir, daß Du gegen eines Deiner höchsten Prinzipien verstoßen hast und daß Du sofort etwas unternehmen mußt, um die Situation zu korrigieren, um Dich davor zu bewahren, jemals wieder dagegen zu verstoßen. Auf diese Weise bewahren wir unsere innere Integrität.

Die Lösung:

1. Erkenne, daß Du Deine eigenen, entscheidenden Standards (Prinzipien) verletzt hast.
2. Verpflichte Dich unbedingt dazu, daß Du dieses Verhalten niemals wiederholen wirst. Spiele mental und gefühlsmäßig noch einmal durch, wie Du mit derselben Situation auf eine Art und Weise umgehst, die mit Deinen höchsten Prinzipien in Einklang steht.
3. Suhle Dich nicht in Schuld. Jetzt, da Du es geschafft hast, Dich wieder auf Deine Linie zu bringen, laß los! Tu das Richtige! Dich ständig selbst zu bestrafen hilft weder Dir noch irgend jemand anderem, besser zu sein.

198

Aktions-Signal Nr. 8

Das Aktionssignal der *Unzulänglichkeit* sagt Dir, daß Du nicht glaubst, daß Du im Augenblick die Information, die Einsicht, die Strategien oder das Vertrauen hast, die Du für die vorliegende Aufgabe brauchst. Es ist ein Aufruf, zusätzliche Ressourcen zu sammeln.

Die Lösung:

1. Vielleicht stellst Du völlig unfaire Maßstäbe beim Messen Deiner Leistung auf. Frage Dich: »Ist es möglich, daß ich vielleicht doch die Fähigkeit habe, mit dieser Sache zurechtzukommen, und es ist nur meine Wahrnehmung, durch die ich mich unangemessen fühle?«
2. Wenn Du zu dem Schluß kommst, daß Du wirklich nicht die Fähigkeiten hast, um mit der Situation umzugehen, schätze Deine Gefühle der Unzulänglichkeit als einen Aufruf, Dich zu verbessern.
3. Suche ein Vorbild, das auf diesem Gebiet erfolgreich ist, und lerne einige einfache Dinge, die Du sofort tun kannst, um auf diesem Gebiet angemessener oder effektiver zu werden.

199

Aktions-Signal Nr. 9

Die Aktionssignale von *Überlastung, Überwältigung, Trauer, Depression* und *Hilflosigkeit* treten auf, wenn wir an all die Dinge denken, die uns passiert sind und über die wir keine Kontrolle haben Du mußt die Situation in kleine Schritte aufteilen.

Die Lösung:

1. Entscheide, welche der vielen Dinge, mit denen Du es zu tun hast, Du unbedingt fokussieren mußt.
2. Lege die wichtigsten Schritte auf diesem Gebiet fest, bekomme so ein Gefühl der Kontrolle.
3. Nimm sofort den ersten einfachen Punkt auf Deiner Liste in Angriff.
4. Wenn Du mit so allumfassenden Gefühlen wie Trauer umgehen mußt, fokussiere, was Du kontrollieren kannst. Erkenne, daß das alles eine kraftspendende Bedeutung haben muß. Erinnere Dich: Alles im Leben geschieht aus einem Grund und zu einem Zweck und wird Dir dienen.

200

Aktions-Signal Nr. 10

Das Aktionssignal von *Einsamkeit* sagt Dir, daß Du eine Verbindung zu Menschen brauchst, daß Dir wirklich etwas an ihnen liegt und Du es liebst, mit ihnen zusammen zu sein. Es sagt Dir, strecke Deinen Arm aus und verbinde Dich.

Die Lösung:

1. Erkenne, daß Du Deinen Arm ausstrecken und sofort eine Verbindung herstellen kannst. Menschen, die sich kümmern, sind überall!
2. Finde heraus, welche Art von Verbindung Du brauchst: Richtige Freundschaft? Liebe? Ein aufgeschlossenes Ohr?
3. Handle sofort und strecke Deinen Arm aus und stelle zu einem Menschen eine Verbindung her.

Wie kannst du sicherstellen, daß Du die Aktionssignale immer vor Dir hast, damit sie Dir helfen, unwirksame Muster zu durchbrechen? Schreibe sie alle auf eine Karte, die Du überall mit Dir tragen kannst. Taucht eine unangenehme Situation auf, fokussiere die Bedeutung, die dieses Gefühl wirklich für Dich hat und was Du tun kannst, um es zu nutzen. Klebe eine dieser kleinen Karten auf die Sonnenblende Deines Autos, so daß Du sie während des Tages anschauen kannst – besonders, wenn Du im Stau stehst!

Als nächstes werden wir zehn Gefühle von Kraft kennenlernen, die Du sofort nutzen kannst, um jedes negative Muster zu ersetzen.

202

Nr. 1

Pflege die Gefühle *Liebe* und *Wärme*. Eine großartige Grundüberzeugung, die Du übernehmen kannst, stammt aus »Ein Kurs in Wundern«: Jede Kommunikation ist entweder eine liebevolle Erwiderung oder ein Schrei nach Hilfe. Wenn jemand zu Dir kommt, der verletzt oder ärgerlich ist, und Du beständig mit Liebe und Wärme darauf eingehst, wird sich der Zustand des Menschen bald verändern, und seine oder ihre Anspannung wird dahinschmelzen.

203

Nr. 2

Pflege die Gefühle *Wertschätzung* und *Dankbarkeit*. Diese gehören zu den spirituellsten Gefühlen, die wir haben, und sie verschönern unser Leben mehr als beinahe alles andere, das ich kenne. Lebe mit einer Haltung von Dankbarkeit.

Nr. 3

Pflege die *Neugierde*. Wenn Du in Deinem Leben wirklich wachsen willst, lerne so nachfragend zu sein wie ein Kind. Neugierige Menschen haben niemals Langeweile, und für sie wird das Leben zu einem endlosen Studium der Freude.

Nr. 4

Pflege die Gefühle *Faszination* und *Leiden-schaft*. Diese können jede Herausforderung in eine gewaltige Möglichkeit verwandeln, sie geben uns ungebremste Kraft, unser Leben in einem schnelleren Tempo als jemals zuvor voranzubringen. Fache Deine Leiden-schaft an, indem Du Deine Physiologie benutzt: Sprich schneller, visualisiere schneller Bilder und bewege Deinen Körper in die Richtung, in die Du gehen möchtest.

206

Nr. 5

In entschiedener *Entschlossenheit* liegt der Unterschied zwischen Interesse haben und von der erleuchtenden Kraft des Engagement ergriffen worden zu sein. Dich selbst einfach nur zu puschen reicht nicht aus, aber Dich in den Zustand absoluten Engagements zu versetzen, das bringt's.

Nr. 6

Nimm eine *flexible Haltung* ein. Wenn es ein Gefühl gibt, das Du pflegen mußt, um garantiert Erfolg zu haben, dann ist es die Fähigkeit, Deinen Strategie-Problemlösungs-Ansatz zu ändern. Tatsache ist, daß alle Aktionssignale nichts weiter sind als eine Aufforderung, flexibler zu sein!! Dein ganzes Leben lang wird es Situationen geben, die Du nicht kontrollieren kannst. Die Fähigkeit, flexibel mit Deinen Regeln umzugehen, die Bedeutung, die Du den Dingen gibst, und Deine Handlungen werden auf lange Sicht Deinen Erfolg oder Mißerfolg bestimmen – von Deinem persönlichen Maß an Freude gar nicht zu reden.

Nr. 7

Spüre immer *Zuversicht* und *Selbstvertrauen*. Wenn Du einmal etwas erfolgreich gemacht hast, kannst Du es wieder tun. Außerdem: Durch die Kraft des Glaubens kannst Du auch in Umgebungen und Situationen, die Du vorher nie erlebt hast, zuversichtlich und selbstbewußt sein. Imaginiere die Gefühle, die Du verdient hast, und fühle Dich ihrer sicher, anstatt darauf zu warten, daß sie irgendwann in ferner Zunkunft von allein auftauchen.

Nr. 8

Fröhlichkeit stärkt Deine Selbstachtung, macht das Leben lustiger und läßt die Menschen um Dich herum sich einfach fröhlicher fühlen.

Fröhlich zu sein bedeutet nicht, daß Du Pollyanna bist oder, daß Du die Welt durch eine rosarote Brille betrachtest und Dich weigerst, Herausforderungen zu erkennen. Es bedeutet, daß Du unglaublich intelligent bist, weil Du weißt, daß Du eine Wirkung haben wirst, mit der Du jeder Herausforderung, die Deines Weges kommt, begegnen kannst.

210

Nr. 9

Es ist unbedingt wichtig, Deine eigene *Vitalität* zu erhalten; wenn Du Dich nicht um Deine Gesundheit kümmerst, ist es schwieriger, Deine Gefühle zu genießen. Entgegen der allgemeinen Meinung erhält Stillsitzen die Energie nicht. Das menschliche Nervensystem muß Bewegung haben, um Energie zu erhalten. Wenn Du Dich bewegst, fließt Sauerstoff durch Dein System, und diese physische Ebene der Gesundheit schafft das Gefühl der Vitalität, das Du brauchst, um Herausforderungen in Möglichkeiten zu verwandeln.

211

Nr. 10

Ich kenne kein reicheres Gefühl als das »*zu geben*«. Zu fühlen, daß Du, so wie Du als Mensch bist, so wie Du Dein Leben geführt hast, andere tief und in beeindruckender Weise berührt hast, ist das allerhöchste Geschenk. Leben heißt Geben, das ist das ganze Geheimnis.

Jedesmal, wenn Du in den nächsten zwei Tagen ein entmutigendes Gefühl spürst, denke daran, auf die Botschaft dieses Aktionssignals zu hören. Benutze die zehn Kraftgefühle als Gegenmittel, während Du die Lösung nutzt, die in jeder negativen Emotion eingebaut ist.

Mach die Zehn-Tage-Mental-Diät

Mentale Herausforderung und das Meistersystem der Bestimmung

●

»Des Menschen Geist, entfaltet zu einer neuen Idee,
kehrt nie mehr zu seiner ursprünglichen Form zurück.«

Oliver Wendell Holmes

Das wahre Kennzeichen eines Champions ist seine Beständigkeit. Denn wer will nur ab und zu gute Resultate erzielen? Wer möchte sich nur für einen Augenblick gut fühlen oder nur sporadisch eine Spitzenleistung erbringen? Wir wollen all die Gefühle, die unser Leben lebenswert machen, beständig erfahren.

Aber wie erreichst Du Beständigkeit? Es beruht alles auf unseren Gewohnheiten.

Zu wissen, was zu tun ist, ist nicht genug; Du mußt tun, was Du weißt.

Die gleiche Denkweise, die uns dahin gebracht hat, wo wir jetzt sind, wird uns nicht dortin bringen, wo wir hingehen wollen. Veränderung ist unser größter Verbündeter, doch so viele – seien es einzelne, Firmen oder Gemeinden – widerstehen ihr und rechtfertigen ihre momentanen Strategien, indem sie auf den Erfolg verweisen, den sie im Augenblick haben. Doch es mag ein völlig anderer Ansatz notwendig sein, um eine neue Ebene persönlichen und beruflichen Erfolges zu erschaffen.

Würdest Du einen neuen Ferrari kaufen, nur um ihn in Deiner Auffahrt stehen zu lassen? Würdest Du den modernsten PC erwerben, um ihn in den Schrank zu stellen?

Ich bin sicher, Deine Antwort ist ein kräftiges »Nein«. Würdest Du dieses Buch lesen und die kraftvollen Werkzeuge, die es enthält, nicht nutzen? Ich vermute: Nein. Darum biete ich Dir in diesem Kapitel einen einfachen Plan an, mit dem Du alte Muster des Denkens, Fühlens und Verhaltens unterbrechen kannst, und zeige Dir, wie Du einige der neuen Strategien, die Du schon gelernt hast, benutzen kannst. Ich garantiere Dir, wenn Du diesem Plan buchstabengetreu folgst, daß Du in der Lage sein wirst, Dein neues emotionales Muster absolut beständig zu machen!

216

Ja, es ist wahr: Wir können den Wind nicht kontrollieren, oder den Regen, oder die anderen Launen des Wetters. Aber wir können mit unseren Segeln so lavieren, daß wir den Kurs steuern können, den wir uns wünschen.

217

Jeder erfolgreiche Mensch, den ich kenne, hat die Fähigkeit, in emotionalen Stürmen in seiner Mitte zu bleiben – klar und kraftvoll. Wie erreicht man das? Ich habe herausgefunden, daß die meisten dieser Leute eine fundamentale Regel haben: Verbrauche niemals mehr als 10% Deiner Zeit für ein Problem, sondern verwende mindestens 90% Deiner Zeit für die Lösung.

Wie kannst Du im Handumdrehen die Kontrolle über Deine mentalen und emotionalen Muster gewinnen? Du bist dabei, eine der effektivsten Strategien zu entdecken, die jemals empfohlen wurden – eine Mischung aus Realismus und Optimismus. Positiv zu denken stand vor Jahren nicht sehr weit oben auf der Liste meiner Lösungen. Ich dachte, ich wäre klug, wenn ich mich weigerte, die Dinge besser zu sehen als sie waren.

In Wahrheit ist Leben »Gleichgewicht«. Wenn wir uns weigern zu sehen, wie die Samen in unserem Garten Wurzeln fassen, werden uns unsere Täuschungen zerstören. Genauso destruktiv jedoch ist es, den Garten gleich als wuchernd zu empfinden. Der Pfad der Besten ist der des Gleichgewichtes:

1. Sieh die Situation, wie sie ist.
   (Nicht schlimmer, als sie ist..)
2. Sieh sie besser, als sie ist.
3. Mache sie so, wie Du sie siehst.

Der wichtigste Schritt beim Ansäen unseres geistigen Gartens ist der, unsere begrenzenden Muster zu unterbrechen. Und der beste Weg, dies zu erreichen, ist die 10-Tage-Mental-Diät, um dadurch bewußte Kontrolle über unsere Gedanken zu gewinnen. Diese Übung ist eine glänzende Gelegenheit, negative und destruktive Muster auszumerzen.

Die Herausforderung ist folgende: Verpflichte Dich, für die nächsten 10 Tage völlige Kontrolle über Deine emotionalen und mentalen Fähigkeiten zu übernehmen. Verpflichte Dich jetzt, weder in unnützen Gedanken oder Gefühlen schwelgen, noch über sie zu jammern. Beginne sofort.

Die 10-Tage-Mental-Diät

Willkommen zu zehn Tagen, die anders sein werden als alle Tage, die Du schon gelebt hast. Hier sind die Regeln des Spieles:

1. Weigere Dich in den nächsten aufeinanderfolgenden Tagen, über irgendwelche unnützen Gedanken und Gefühle zu jammern. Weigere Dich, in kraftkostenden Fragen oder energieraubenden Worten oder Metaphern zu schwelgen.

2. Wenn Du Dich selbst dabei ertappst, daß Du anfängst, das Negative zu fokussieren, benutze eine der Techniken, die Du gelernt hast, und verändere Deinen Fokus sofort, indem Du als erstes Mittel des Angriffs Dir die Problem-Lösungs-Fragen stellst.

3. Mache Dich jeden Morgen (die nächsten 10 Tage) für den Erfolg bereit, indem Du Dir die Morgen-Power-Fragen stellst.

Die 10-Tage-Mental-Diät
(Fortsetzung)

4. Stelle sicher, daß in den nächsten zehn aufeinander folgenden Tagen Dein gesamter Fokus auf Lösungen und nicht auf Probleme gerichtet ist. In dem Augenblick, in dem Du eine mögliche Herausforderung erkennst, fokussiere eine mögliche Lösung.

5. Wenn Du Dich selbst dabei ertappst, wie Du in unproduktiven Gedanken oder Gefühlen schwelgst, mache Dich nicht nieder – jedenfalls solange nicht, wie Du bereit bist, den Zustand Deines Geistes sofort zu verändern. Wenn Du jedoch fortfährst, in unproduktiven Gedanken oder Gefühlen zu schwelgen – für eine meßbare Zeitspanne – dann mußt Du bis zum nächsten Morgen warten und die zehn Tage wieder von vorne anfangen, gleichgültig, wieviele aufeinanderfolgende, erfolgreiche Diät-Tage Du schon hinter Dir hast.

222

Bist Du wirklich soweit, einen neuen Ansatz zum Leben zu versuchen? Fange nicht mit dieser 10-Tage-Verpflichtung an, solange Du nicht bereit bist, für alle Zeiten so zu leben. Dies ist keine Herausforderung für die Zimperlichen. Es ist wirklich nur für jene, die wahrhaft bereit sind, ihr Nervensystem für neue kraftspendende, emotionale Muster, die sie zu einem höheren Level des Erfolges tragen können, zu konditionieren. Sie ist für jene, die all das, was sie intellektuell gelernt haben (NAC-Fragen, Transformations-Vokabular, den Fokus und die Physiologie zu verändern), zu einem Teil ihrer täglichen Erfahrung machen wollen.

Wie kannst Du zusätzliche Antriebskraft bekommen, die sicherstellt, daß Du die 10-Tage-Mental-Diät durchhältst? Teile Deinen Freunden, Deiner Familie und Deinen Kollegen mit, was Du tust, und sichere Dir ihre Unterstützung zu, Dir zu helfen, dabei zu bleiben. Oder finde einen Partner, der die 10-Tage-Mental-Diät mit Dir zusammen machen möchte.

Außerdem ist es eine ausgezeichnete Idee, die ganze Zeit über, die Du dieser mentalen Herausforderung gegenüberstehst, ein Tagebuch zu führen. Indem Du festhältst, wie Du mit unproduktiven Mustern erfolgreich umgehst, schaffst Du Dir eine unschätzbare Landkarte, die Du in Zukunft immer, wenn Du auf einen Umweg zu stoßen scheinst, studieren kannst.

Vor Jahren wurde ich von einer Angewohnheit abhängig, die sich zu einer der wertvollsten meines Lebens entwickelte: Jeden Tag mindestens 30 Minuten zu lesen. Jim Rohn, einer meiner Lehrer, sagte mir, daß es wichtiger sei, etwas mit Substanz, mit Kraft, etwas, das Dich nährt und Dich neue Wertigkeiten lehrt, zu lesen, als zu essen. »Laß eine Mahlzeit ausfallen,« sagte er, »aber nicht das Lesen!«

Während Du die 10-Tage-Mental-Diät machst und Dein System reinigst, füttere es mit Lesestoff, der Dir Einsichten vermittelt, die Dich in den neuen Lebensstil, den Du gewählt hast, führen. Denke daran: Nur wer liest, kann auch führen.

Was wird die 10-Tage-Mental-Diät für Dich tun?

1. Sie wird Dir schmerzlich all die gewohnheitmäßigen geistigen Muster bewußt machen, die Dich zurückhalten.
2. Sie wird Dich zwingen, nach kraftspendenden Alternativen zu suchen.
3. Sie wird Dir jedesmal, wenn Du die Kontrolle über Deine Gedanken ausübst und eine Situation meistern kannst, einen unglaublichen Schub an Selbstvertrauen geben.
4. Das Wichtigste aber ist, daß sie Dir helfen wird, neue Gewohnheiten zu schaffen, neue Standards und neue Erwartungen, die zu einem erfüllteren Leben führen.

Erfolg ist ein Prozeß, der sich schrittweise vollzieht, er entsteht aus eine Reihe kleiner Handlungen. Wie ein Frachtzug, der Geschwindigkeit aufnimmt, wird diese Übung Dir ungeahnte Antriebskraft geben, indem Du alte Muster zurückläßt und Dich selbst mit neuen anfeuerst.

Ist dies nur eine 10-Tage-Übung? Eigentlich nicht. Du mußt nie wieder zu Deinen alten, negativen Mustern zurückzukehren, wenn Du nicht willst. Dies ist Deine Chance, Dich für den Rest Deines Lebens einem »positiven Fokus« zu »ergeben«.

Wenn Du wieder umkehren möchtest, nachdem Du für zehn Tage Deine giftigen mentalen Muster verbannt hast – bitte sehr. Doch ich bin bereit, darauf zu wetten, daß es geschmacklos scheinen würde, umzukehren, wenn Dir all die Möglichkeiten bewußt geworden sind. Solltest Du vom Wege abkommen, erinnere Dich einfach daran, daß Du weißt, wie eine ganze Reihe von Werkzeugen zu benutzen sind, um Dich auf die Hauptstraße zurückzubringen.

Eines der Dinge, die ich am meisten liebe, ist die Möglichkeit, das Geheimnis menschlichen Verhaltens aufzudecken und Lösungen anzubieten, die die Lebensqualität der Menschen wirklich verbessern. Während ich unter der Oberfläche sondiere, mache ich Grundüberzeugungen aus – globale Glaubenssätze, Metaphern, usw. –, um den Wandel zu erleichtern. Jeden Tag spiele ich die Rolle des Sherlock Holmes, der das Puzzle des einzigartigen Hintergrundes eines Menschen zusammensetzt.

Während es verräterische Hinweise auf menschliches Verhalten gibt, die so eindeutig sind wie ein rauchendes Gewehr, so sind andere Zeichen manchmal ein wenig subtiler, und man muß weiter nachforschen, um sie aufzudecken. Schlußendlich läßt sich alles auf spezifische Schlüsselelemente reduzieren. Der Unterschied zwischen den Menschen liegt in ihrer Art zu denken.

Die Art und Weise, wie sie entscheiden, welche Bedeutung die Dinge haben und was sie tun sollten, nenne ich das »Meister-System der Bewertung«.

Die Wichtigkeit menschliches Verhalten zu verstehen, wird am besten an Hand einer Metapher gezeigt. Stell Dir jemanden vor, der am Ufer eines Flusses steht. Plötzlich hört er einen Hilfeschrei und sieht, wie ein Mann untergeht. Er hechtet in den Fluß und rettet den Mann. Während er noch um Atem ringt, hört er weitere Schreie und springt wieder in den Fluß – dieses Mal rettet er zwei Menschen. Doch noch bevor er die Chance hat, sich davon zu erholen, hört er vier weitere Menschen um Hilfe schreien. Den Rest seines Tages verbringt er damit, Person für Person aus dem tosenden Wasser zu retten. Wäre er nur ein kleines Stück weiter flußaufwärts gegangen, hätte er zu allererst einmal entdecken können, wer alle diese Menschen ins Wasser warf!

Welchen Aufwand könntest Du Dir selbst ersparen, wenn Du die Probleme an ihrem Ursprung und nicht bei ihren Folgen anpacken würdest?

Hast Du einmal das »Meister-System der Bewertung« verstanden, bist Du besser gerüstet, Dein und das Verhalten anderer zu beeinflussen. Du hast dann eine klare Kenntnis des Weges, auf dem Du über Deine Probleme und Möglichkeiten im Leben entscheidest. Die Komponenten Deines Entscheidungs-Findungs-Systems zu verstehen kann Dir nicht nur helfen, Dir Dein eigenes Verhalten zu erklären, sondern auch vorherzusehen, was Dich zurückwerfen und was Dich voranbringen wird. Wie Du bald sehen wirst, gibt es 5 Komponenten, die bestimmen, wie Du alles entscheidest – angefangen damit, was Du zu Abend ißt, bis zu der Frage, ob Du heiraten sollst.

Jeder von uns hat eine einzigartige Kombination dieser Komponenten, und dies ist es, was unser Leben genauso einzigartig macht.

Wäre es nicht großartig, wenn Du im Umgang mit Schwierigkeiten in einer Beziehung das Verhalten anderer Menschen verstehen könntest, so daß Du Dich ganz schnell wieder mit ihnen verbinden kannst? In einer Ehe ist es besonders wichtig, den Alltagsstreß zu durchschauen, damit Du die Bande, die Euch zuerst zusammen brachten, stärken kannst. Wenn Dein Schatz den Druck der Arbeit spürt und seiner Frustration Luft macht, bedeutet dies nicht, daß Deine Ehe vorüber ist. Es zeigt an, daß Du noch aufmerksamer sein und Dich auf die Unterstützung dieses Menschen, den Du liebst, fokussieren mußt. Du würdest die Börse auch nicht nach dem Tag bewerten, an dem der Index um 30 Punkte fiel – genauso kannst Du den Charakter eines Menschen nicht nach einem einzigen Vorfall beurteilen. Menschen sind nicht ihr Verhalten. Verstehe, was sie treibt, und Du wirst sie wirklich kennen.

Wenn es etwas gibt, das ich beim Durchforschen der Grundüberzeugungen und Strategien der heutigen führenden Persönlichkeiten gelernt habe, dann daß hervorragende Entscheidungen ein hervorragendes Leben schaffen. Zum Beispiel haben jene, die finanziell erfolgreich sind, ein besseres Bewertungssystem, die Risiken und Vorzüge von Gelegenheiten einzuschätzen. Obwohl jeder praktisch zu beinahe denselben Informationen Zugang hat, ist es das System der Finanz-Meister, nach dem sie entscheiden, was die Dinge zu bedeuten haben und was sie daher tun sollten, das ihnen Überlegenheit bringt. Jene, die dauerhafte Beziehungen haben, sind überlegen darin, zu entscheiden, wie sie sich gegenüber ihrem Partner in gespannten Situationen verhalten sollen. Jene, die glücklicher sind, haben einen effektiveren Weg, mit den Problemen des Lebens umzugehen. Die gute Nachricht lautet, daß Du Dir selbst Jahre voller Schmerz ersparen kannst, indem Du die Strategien jener zum Vorbild nimmst die schon erfolgreich sind.

Solange wir nicht die Kontrolle über unsere Entscheidungs-Findungs-Prozesse gewonnen haben, können sie uns auf einen Pfad bringen, der dazu führt, daß wir an unseren Fähigkeiten zweifeln. Stell Dir vor, Du spielst Tennis und hast einen schlechten Aufschlag. Häufig fangen die Menschen dann an, auf eine schwächende Art zu verallgemeinern. Aus »was für ein schrecklicher Aufschlag« wird »mit Spielen könnte ich heute nicht mein Leben retten...« Verfange Dich ja nicht in diesem selbstzerstörerischen Kreislauf!

Bestimme jetzt mindestens einen Vorfall, den Du negativ übertrieben hast. Hast Du das mit Deinen Beziehungen gemacht? Mit Deiner Leistung im Job? Deinen physischen Fähigkeiten? Beschließe jetzt dieses Muster zu unterbrechen. Rufe: »Ausgelöscht«, wenn Du nächtes Mal damit anfängst. Laß los und fokussiere das, was Du erreichen möchtest. Achte auf den sofortigen Wechsel, den dies hervorruft.

Ein gemeinsames Merkmal erfolgreicher Menschen ist, daß sie beständig hervorragende Entscheidungen treffen. Eishockey-Größe Wayne Gretzky ist da keine Ausnahme. Ist er der größte, stärkste oder schnellste Spieler der Liga? Seinem eigenen Eingeständnis nach heißt die Antwort »nein«.

Als ich ihn fragte, was ihn so effektiv macht, sagte er, die meisten Spieler liefen dorthin, wo der Puck sei – er jedoch liefe dorthin, wo der Puck hinkommen wird. Seine Fähigkeit vorauszuahnen – die Geschwindigkeit und die Richtung des Puck, die Strategien und die Schwungkraft der anderen Spieler vorausberechnend – gibt ihm die Möglichkeit, sich selbst an den Platz zu stellen, an dem er am besten punkten kann.

Kannst Du Dir vorstellen, welchen riesigen Unterschied es machen würde, wenn Du in der Situation, in der Du Dich gerade befindest, ein wenig Vorausschau anwenden könntest?

Gab es Zeiten, zu denen Du weinen mußtest, wenn jemand etwas zu Dir gesagt hat,
während dieselbe Bemerkung Dich zu einer
anderen Zeit zum Lachen gebracht hätte?
Mit großer Wahrscheinlichkeit kann der Unterschied auf die Verfassung zurückgeführt
werden, in der Du Dich befunden hast. Dein
mentaler (gefühlsmäßiger) Zustand ist das
erste Element des Meister-Systems der Entscheidungsfindung.

Wenn Du in einem Zustand des Vertrau-
ens und der positiven Erwartung bist, werden die Entscheidungen, die Du triffst, ganz
anders sein, als wenn Du Dich verletzlich
und ängstlich fühlst. Während es sinnvoll
ist, in einigen Situationen vorsichtig zu sein,
kann Dich dies zu anderen Zeiten behin-
dern.

Sorge dafür, daß Du Dich in einem besonders kraftvollen Zustand befindest,
wenn Du entscheiden mußt, was Vorgänge
zu bedeuten haben und was Du zu tun hast,
statt Dich wie mitten im »Überlebenskampf«
zu fühlen.

Fragen vom zweiten Element Deines Meister-Systems:

Bevor Du irgend etwas tust, mußt Du
herausfinden: Was bedeutet dies, und was
muß ich tun, um Schmerz zu vermeiden
und Freude zu bekommen?

Ob Du handelst oder nicht, wird stark
von den speziellen Fragen beeinflußt, die
Du Dir selbst stellst. Wenn Du Dir überlegst,
ob Du Dich mit jemandem verabreden
sollst, fragst Du Dich dann gewohnheitsmäßig: »Was passiert, wenn mich dieser
Mensch zurückweist oder über mein Entge-
genkommen verärgert ist?« Wenn dem so
ist, wird Dich dies wahrscheinlich zu einer
Reihe von Vermutungen führen, die bewirken, daß Du die Gelegenheit vorübergehen
läßt. Wenn Du Dich jedoch fragst: »Wäre es
nicht toll, diesen Menschen zu kennen?
Wieviel mehr Spaß könnte ich haben, würde ich mit ihm in Verbindung treten?« werden diese Fragen bestimmt dazu führen,
daß Du den Augenblick nutzt.

Wir alle wollen mehr Freude und weniger Schmerz spüren, doch jeder von uns hat andere Lektionen darüber gelernt, wie dies zu erreichen ist.

Das Ergebnis ist, daß jeder von uns gelernt hat, bestimmte Gefühle höher zu bewerten als andere. Zum Beispiel ist die Vorstellung des größten Vergnügens für einige Menschen die Sicherheit, während es für andere Abenteuer sind. Deine Hierarchie der Werte, das dritte Element des Meister-Systems, ist nichts weiter als eine Liste jener Zustände, die Du glaubst vor allem spüren zu müssen (Freude schaffend) und vor allem meiden mußt (Schmerz auslösend). All Deine Entscheidungen werden von Deinem unbewußten Wunsch geleitet, Deine Freude-Werte zu erreichen und Deine Schmerz-Werte zu vermeiden. Zum Beispiel: Wenn Du Liebe hoch bewertest, aber Konflikte um jeden Preis vermeiden willst, würde dies das Maß Deiner Ehrlichkeit in einer persönlichen Beziehung beeinflussen?

Das vierte Element Deines Meister-Systems sind Deine Überzeugungen – Glaubenssätze. Globale Glaubenssätze bestimmen Deine Erwartungen an Dich, an andere Menschen und an das Leben im allgemeinen; häufig kontrollieren sie, was Du überhaupt bereit bist, in Betracht zu ziehen. Eine spezielle Kategorie der Glaubenssätze sind Regeln, sie sagen Dir, was geschehen muß, damit Du das Gefühl haben kannst, daß Deine Werte erreicht worden sind. Zum Beispiel: Manche Menschen glauben: »Wenn Du mich liebst, dann wirst Du nie Deine Stimme erheben.« Diese Regel wird den Menschen dazu bringen, eine erhobene Stimme als Beweis dafür anzusehen, daß in dieser Beziehung keine Liebe mehr vorhanden ist, selbst wenn es dafür sonst keinen Beweis gibt.

Kannst Du an eine Regel oder Überzeugung denken, die Du für Beziehungen aufgestellt hast? Hat Dir dies geholfen oder hat es Dich behindert?

Wie kommen wir zu Glaubenssätzen? Das fünfte Element in Deinem Meister-System sind Deine Ressourcen, das Sammelsurium von Erfahrungen und Informationen, die in einer gigantischen Ablage – Gehirn genannt – gespeichert sind. Dies ist das Rohmaterial, das Du benutzt, um die Glaubenssätze zu konstruieren, die all Deine Entscheidungen lenken. Du hast unbegrenzte Referenzen, auf die Du Dich berufen kannst – welche Du auswählst, bestimmt den Sinn, den Du aus einer Erfahrung ziehst, wie Du darüber fühlst und was Du tun wirst.

Kannst Du, als ein Beispiel für die Bedeutung der Referenzen, sehen, welchen Unterschied es macht, wenn Du mit einem Gefühl aufwächst, ständig ausgenutzt zu werden, statt mit dem Gefühl, bedingungslos geliebt zu werden? Ständig diszipliniert zu werden statt verwöhnt? Wie mag dies die Art und Weise beeinflussen, in der Du lernst, das Leben, die Menschen oder verschiedene Situationen einzuschätzen?

Um Deine Überlegungen darüber anzuregen, wie das Meister-System funktioniert, laß mich Dir eine Frage stellen: »Welches ist Deine kostbarste Erinnerung?«

Was hast Du getan, um diese Frage zu beantworten? Der erste Schritt war wahrscheinlich, sie zu wiederholen. Dann hast Du vermutlich nach Referenzen gesucht, bist die unzähligen Erfahrungen Deines Lebens durchgegangen, bevor Du schließlich eine ausgewählt hast.

Aber vielleicht hast Du Dich auch geweigert, eine herauszupicken, weil Du der Überzeugung bist, daß alle Lebenserfahrungen kostbar sind und daß eine herauszusuchen die anderen degradieren würde. Vielleicht hast Du Schwierigkeiten, überhaupt Dich an Dinge zu erinnern, ob kostbar oder nicht, weil die Gefühle, die Du mit »in der Vergangenheit leben« verbindest, Werte sind, die Du vermeidest.

Erkennst Du, wie Dein »Meister-System« nicht nur festlegt, was und wie Du bewertest, sondern auch, was Du überhaupt bereit bist zu bewerten?

Was bringt Meisterschaft? Fest steht: Meister werden einfach jene, die über mehr Referenzen darüber verfügen, was auf einem bestimmten Gebiet zu Erfolg oder Frustration führt, als wir anderen. Jeder Tag präsentiert eine neue Gelegenheit, neue Auskünfte aufzunehmen, die uns helfen können, unsere Überzeugungen zu festigen, unsere Werte zu verbessern, neue Fragen zu stellen und Zugang zu den Zuständen zu erlangen, die uns in jene Richtung vorwärtsdrängen, die wir uns wünschen.

Du kannst sofort umfassende Veränderungen herbeiführen, die gleichzeitig beeinflussen, wie Du in verschiedenen Bereichen Deines Lebens denkst, fühlst und handelst. Wie? Einfach indem Du eines der fünf Elemente Deines Meister-Systems austauscht.

Statt Dich zum Beispiel nur darauf zu konzentrieren, Zurückweisungen anders aufzunehmen, kannst Du einen neuen umfassenden Glaubenssatz annehmen, etwa: Ich bin der Ursprung all meiner Gefühle. Nichts und niemand kann ändern, wie ich mich fühle – nur ich selbst. Wenn ich mich dabei überrasche, wie ich auf etwas reagiere, kann ich dies von einem Moment zum anderen ändern. Wenn Du diesen Glaubenssatz uneingeschränkt annimmst, kannst Du erkennen, wie dies nicht nur die Furcht vor Zurückweisung ausmerzt, sondern auch Deine Gefühle von Ärger, Frustration oder Unterlegenheit? Plötzlich wirst Du zum Herrn über Dein Schicksal.

Ein anderer Weg, um im Handumdrehen über Gefühle der Zurückweisung oder Unzulänglichkeit hinwegzukommen, besteht darin, Deine Werte-Hierarchie zu verändern – zum Beispiel, Engagement oder Dankbarkeit an oberste Stelle zu setzen. Weist Dich dann jemand zurück, macht es nichts aus: Statt Dich auf Deine angenommenen Schwächen zu fokussieren, wirst Du Dich darauf konzentrieren, was Du dennoch tun kannst, um dem Menschen zu helfen oder die Situation auf irgendeine Weise zu verbessern. Oder Du fühlst Dich so dankbar für Dein Leben, daß kein Maß an Zurückweisung Dich berühren kann. Tatsächlich würdest Du diese nicht einmal als solche betrachten. Diese Gefühle würden verursachen, daß Du Dich von einer beispiellosen Empfindung der Freude und Zugehörigkeit durchdrungen fühlst.

Du kannst sofort jedes Gebiet Deines Lebens verändern, indem Du einfach irgendeines der fünf Elemente Deines Meister-Systems der Wertbestimmung verschiebst.

Hast Du jemals Schwierigkeiten gehabt, eine einfache Verpflichtung, wie die, ins Fitneß-Studio zu gehen, einzuhalten? Wahrscheinlich hast Du es zu kompliziert gemacht, hast Dutzende von einzelnen Dingen fokussiert, die Du tun mußt. Du magst denken: »Es macht einfach zuviele Umstände zu trainieren.« Du mußt zu der Anlage fahren, Deinen Wagen parken, einchecken, ein Schließfach finden, Deine Kleidung wechseln, trainieren, duschen, usw...

Doch wenn Du an die Dinge denkst, die leicht zu machen sind, »chunkst« Du sie ganz anders (Chunking – Informationen in kleine Einheiten zerlegen). Du möchtest etwas essen? Darauf kannst Du wetten! Willst an den Strand gehen? Sofort! Was muß dafür getan werden? Spring in Dein Auto und fahr los!

Der Unterschied liegt nicht in den Aufgaben, sondern wie Du sie bewertest. Ändere Deine Bewertungen, und sofort änderst Du Dein Leben.

9. Abschnitt

Dein persönlicher Kompaß

Werte und Regeln

•

»Nichts Großartigeres ist jemals erreicht
worden, außer von jenen,
die zu glauben wagten,
daß etwas in ihnen größer sei als die
Umstände.«

Bruce Barton

244

Wenn wir die tiefste Erfüllung wollen, können wir sie nur auf eine Art erreichen – indem wir entscheiden, was wir im Leben am meisten begehren – welche Werte für uns an höchster Stelle stehen –, und uns dann verpflichten, jeden Tag nach dieser Entscheidung zu leben.

Welche Menschen bewundern wir in unserer Kultur am meisten? Sind es nicht jene, die ein echtes Verständnis ihrer eigenen Werte haben, Menschen, die sich nicht nur zu ihren Prinzipien bekennen, sondern nach ihnen leben? Wir alle respektieren Männer und Frauen, die dafür einstehen, woran sie glauben, selbst wenn wir nicht mit ihren Vorstellungen davon übereinstimmen, was richtig oder falsch ist. Es liegt eine unleugbare Stärke in jenen Individuen, die ihr Leben, in dem Philosophie und Handlungen eins sind, kongruent führen.

Mache Kongruenz zu Deinem Ziel: Gibt es etwas, was Du momentan tust, das nicht mit dem, was Du für richtig hältst, übereinstimmt? Handle sofort, um dies zu korrigieren. Denke einen Augenblick nach: Wie lautet ein Wort oder ein Prinzip, nach dem Du uneingeschränkt lebst, und wie hat dies Dein Leben bereichert?

In dem Film »Stand & Deliver« demonstrierte der Lehrer Jaime Escalante kraftvoll jene Macht, die von denen ausgeübt wird, die absolute Klarheit darüber haben, was sie am höchsten schätzen und wofür sie stehen. Seine Leidenschaft für das Lernen wurde auf seine Schüler nicht nur durch seine Lehrtechnik übertragen, sondern auch durch seine leibhaftige Demonstration dessen, was möglich ist. Er lehrte Generationen, die als »verloren« galten, nicht nur, wie sie einen Rechentest bestehen konnten (etwas, das ihrer Überzeugung nach nicht zu schaffen war ...), sondern auch, wie sie einander schätzen konnten, um die Qualität ihres Lebens für immer zu verändern. Seine absolute Hingabe an eine Reihe hoher Prinzipien transformierte das Leben dieser jungen Menschen.

Was kannst Du erreichen, wenn Du Dich ganz auf das konzentrierst, was Du im Leben am höchsten schätzt?

Wenn Liebe, Erfolg oder Integrität wichtig für Dich sind, dann sind sie Teil Deines Wertesystems. Ein Wert ist ein emotionaler Zustand – Du fühlst, daß er entweder sehr wichtig zu erfahren ist (wegen der Freude, die er – wie Du glaubst – bringen wird) oder vermieden werden muß (wegen des Schmerzes, den Du damit in Zusammenhang bringst).

All unsere Entscheidungen werden von diesen Überzeugungen gesteuert: Wird eine bestimmte Handlung uns helfen, näher an einen angenehmen Wert heranzurücken? Wird sie uns helfen, Schmerz zu vermeiden oder uns von ihm zu entfernen?

Welches ist eines der wichtigsten angenehmen Gefühle, die Du schätzt, und welches ist ein so schmerzhaftes Gefühl, daß Du beinahe alles tust, um es zu vermeiden?

Freude-Werte (Appetenz-Werte) sind bekannt als Werte, auf die man sich zubewegt – dazu gehören Gefühle wie Liebe, Freude, Freiheit, Sicherheit, Leidenschaft und innerer Friede.

Schmerz-Werte (Aversions-Werte, z.B. Zurückweisung, Depression, Einsamkeit) sind bekannt als Werte, von denen man sich fortbewegt.

Wenn wir Entscheidungen treffen, bedenken wir, ob Schmerz oder Freude die Konsequenz unserer Handlungen sein wird.

In den nächsten beiden Tagen wirst Du anfangen, nicht nur die Gefühlszustände abzuklären, die Deine Entscheidungen lenken, sondern auch die Reihenfolge ihrer Wichtigkeit. Zum Beispiel magst Du beides schätzen, Sicherheit und Abenteuer. Zu bestimmen, was für Dich wichtiger ist, wird Dir helfen, effektiver dabei zu sein, jene Entscheidungen zu treffen, die sich mit dem vertragen, was Dir auf lange Sicht Glück bringen wird.

Zusätzlich zu den Werten, auf die man sich zubewegt, und den Werten, von denen man sich entfernt, gibt es noch zwei andere Kategorien von Werten: End-Werte und Zweck-Werte.

Zum Beispiel sagst Du vielleicht, Du schätzt Dein Auto, doch es ist eigentlich mehr ein Mittel zum Zweck. Im Gegensatz dazu ist der End-Wert, den Du suchst, ein emotionaler Zustand, wie Aufregung (Pontiac), Prestige (Mercedes) oder Sicherheit (Volvo).

Denke daran: Unser Wunsch, unsere End-Werte zu erreichen, ist die treibende Kraft hinter allen Entscheidungen. Unglücklicherweise treffen Menschen oft Entscheidungen aus ihrem Wunsch heraus, ihre Zweck-Werte (Ziele) zu erreichen, doch sie versäumen, was am wichtigsten ist: Ihre End-Werte (die sie antreibenden gefühlsmäßigen Bedürfnisse).

Hast Du jemals gesagt: »Ich möchte wirklich gerne in einer Beziehung leben?« Dann hast Du schließlich eine gefunden und nach einer kurzen Zeit realisiert: »Ich will keine Beziehung!« Der Grund ist, daß die Beziehung nur ein Mittel zum Zweck war. Was Du wirklich wolltest, war, was Du dachtest, daß Dir eine Beziehung geben würde: Die End-Werte von Liebe, Kameradschaft oder Intimität. Beziehungen führen nicht automatisch zu diesen wichtigen Werten. Du mußt erkennen, daß dies Deine wahren Ziele sind, und beständig mit ihnen im Geiste handeln.

Denke daran, Du kannst Deine Zweck-Werte im Leben erreichen (Geld, Position, Titel, Kinder, Beziehungen) und trotzdem unglücklich sein. Solange Du nicht in Übereinstimmung mit Deinen tiefsten End-Werten lebst, kannst Du erfolgreich sein und dennoch die höchste Erfüllung, die Du wirklich anstrebst, verfehlen.

Obwohl es viele Gefühlszustände gibt, die wir als persönliche Werte betrachten, sind uns einige teurer als andere. Noch einmal: Jene Gefühle, für die wir am meisten tun, um sie zu erreichen – Liebe, Erfolg, Freiheit, Vertrautheit, Sicherheit, Abenteuerlust, Macht, Leidenschaft, Behaglichkeit und Gesundheit, werden Appetenz-Werte, auf die man sich zubewegt, genannt.

Hast Du einmal Deine Appetenz-Werte herausgefunden, kannst Du tiefer eintauchen, um die Hierarchie, in die sie passen, aufzudecken.

Welches der unten aufgeführten Beispiele hältst Du für wichtiger als die anderen?

Nimm Dir einen Augenblick Zeit, um sie von »1« bis »10« einzuteilen; die »1« ist der emotionale Zustand, den Du am höchsten einschätzt.

Wert:	Position:	Wert:	Position:
Liebe	....	Abenteuer	....
Erfolg	....	Macht	....
Freiheit	....	Leidenschaft	....
Vertrautheit	....	Behaglichkeit	....
Sicherheit	....	Gesundheit	....

Genau wie wir Werte haben, auf die wir uns zubewegen, haben wir eine Hierarchie von Zuständen, die wir um jeden Preis vermeiden wollen. Einige der häufigsten Werte, von denen wir uns wegbewegen, sind Zurückweisung, Ärger, Frustration, Einsamkeit, Depression, Versagen, Kränkung und Schuld.

Ordne diese Beispiele von »1« bis »8«; die »1« ist der emotionale Zustand, für den Du, um ihn zu vermeiden, am härtesten arbeitest.

Wert:	Position:	Wert:	Position:
Zurückweisung	....	Depression	....
Ärger	....	Versagen	....
Frustration	....	Kränkung	....
Einsamkeit	....	Schuld	....

Wenn ich Dich bitten würde, zum Fallschirmspringen zu gehen, würdest Du es tun? Dies hängt unter anderem von der Kraft Deiner Wertskala ab. Wenn, zum Beispiel, Dein erster Appetenzwert – auf den man sich zubewegt – die *Sicherheit* war und Dein oberster Aversionswert – von dem man sich wegbewegt – die *Furcht* (gleichbedeutend mit: Du würdest fast alles tun, um sie zu vermeiden), dann wirst Du wahrscheinlich nicht gehen.

Was würdest Du tun, wenn Dein oberster Appetenzwert *Zurückweisung* war und Du dachtest, Deine Freunde würden sich von Dir abwenden, wenn Du nicht springen wolltest?

Da die Menschen mehr tun, um den Schmerz zu vermeiden, als sie tun, um Freude zu erzielen, könnte Dein Bedürfnis, Zurückweisung zu vermeiden, über Dein Verlangen nach Sicherheit siegen.

Hast Du Dich jemals von einem Wert gedrängt gefühlt, während Dich ein anderer zurückhielt? Entscheidungen zu treffen ist nichts anderes, als Werte zu bestimmen.

Einer der wichtigsten Gründe, Deine Wert-skala zu bestimmen, ist, Wertkonflikte auf-zudecken, die Dich zurückhalten können. Wenn zum Beispiel Erfolg Dein höchster Appetenzwert und Zurückweisung Dein oberster Aversionswert ist, kannst Du hier erkennen, wie diese beiden Impulse sich kreuzen? Es wird nie gelingen, zu versu-chen, erfolgreich zu sein, ohne das Risiko einzugehen, den Schmerz der Zurückwei-sung zu spüren. Tatsache ist, daß Du wahr-scheinlich Deinen Erfolg sabotierst, noch be-vor Du weit gekommen bist, weil die Angst vor Zurückweisung Dich daran hindern wird, die Risiken auf Dich zu nehmen, die notwendig sind, um jede Art bedeutenden Erfolges zu erreichen.

Die Lösung ist ein 2-Schritt-Vorgang der Bewußtwerdung und der bewußten Ent-scheidungfindung, wie er auf den nächsten Seiten beschrieben wird.

Schritt Nr. 1A: Werte-Bewußtsein

Alles, was Du tun mußt, um Deine »Werte, auf die Du Dich zubewegst« – die Appetenzwerte – zu entdecken, ist, Dir eine Frage zu stellen: Was ist für mich im Leben am wichtigsten? Laß Dir alle Antworten durch den Kopf gehen, denke dabei daran, daß Du Deine End-Werte entdecken willst, die emotionalen Zustände, die zu fühlen Du am meisten ersehnst.

Nachdem Du Deine Liste gemacht hast, bestimme sie in der Reihenfolge ihrer Bedeutung, z.B. ist Nr. »1« der Zustand, den Du am meisten schätzt, Nr. »2« der nächsthöhere, usw.

Schritt Nr. 1B: Werte-Bewußtsein

Um Deine »Werte, von denen man sich fortbewegt« – Aversionswerte – zu entdecken,
frage Dich: »Welches sind für mich die wichtigsten Gefühle, die ich vermeiden will?«
Welchen Gefühlen würde ich am liebsten
aus dem Weg gehen?« Bedenke Deine Antworten.

Wenn Du Deine Liste aufgestellt hast,
teile sie in der Reihenfolge ihrer Wichtgkeit
ein, z.B. ist Nr.«1« jener Zustand, für den Du
das meiste tun würdest, um ihn nicht zu
fühlen (er bringt Dir den größtmöglichen
Schmerz), Nr. »2« ist der nächstintensive Gefühlszustand, usw.

Schritt Nr. 2:
Bewußte Entscheidungen treffen

Durch das Herausarbeiten Deiner derzeitigen Werte hast Du die Prioritäten entdeckt, die in Dein Leben eingewoben wurden, und das System von Schmerz und Freude, das Dich angetrieben hat. Doch wenn Du eine aktive Rolle in der Gestaltung Deines Lebens einnehmen möchtest – und wenn nötig, Du sogar noch einmal ganz von vorn anfangen willst – dann mußt Du heute einige neue Entscheidungen treffen.

Stelle Dir selbst folgende Fragen:

1. Welche Werte müßte ich haben, um mein allerhöchstes Ziel zu erreichen, um der beste Mensch zu sein, der ich nur sein könnte, um in meinem Leben die größte Wirkung zu erzielen?
2. Welche zusätzlichen Werte muß ich der Liste der Prioritäten meines Lebens hinzufügen?

258

Was hast Du durch das Erstellen einer neuen Liste von Werten erreicht? Ist sie nicht eigentlich nur ein Haufen Wörter auf einem Stück Papier? Die Antwort ist »Ja« – wenn Du Dich nicht konditionierst, sie als Deinen neuen Lebenskompaß zu nutzen. Wenn Du es jedoch tust, dann werden Deine Werte Dir helfen, friedliche Meere und rasende Stürme zu passieren, werden Dich in die Lage versetzen, den Kurs, den Du zu Deinem Ziel abgesteckt hast, zu halten.

Halte Dir diese Werte den ganzen Tag vor Augen. Gib Deinen Freunden eine Kopie Deiner Liste, als Antriebskraft, um auf der Spur zu bleiben. Visualisiere, denke und fühle den Nutzen, nach diesen Werten zu leben, bis das Vorausahnen der gefühlsmäßigen Belohnungen sie zu einem Teil Deiner täglichen Erfahrungen machen.

Was muß geschehen, damit Du Dich gut fühlst? Mußt Du umarmt, geliebt werden, mußt Du gesagt bekommen, wie sehr Du respektiert wirst? Mußt Du eine Million Dollar machen, Golf immer unter par spielen? Mußt Du von Deinem Chef anerkannt werden, den richtigen Wagen fahren, zu den richtigen Partys gehen? Mußt Du spirituelle Erleuchtung erfahren oder nur den Sonnenuntergang bewundern?

Die Wahrheit ist, daß nichts geschehen muß, damit Du Dich gut fühlen kannst. Du kannst Dich jetzt, in diesem Augenblick gut fühlen, wenn Du Dich dazu entschließt. Wenn all das geschehen würde, was Du glaubst, das geschehen sollte, wer ist es, der dafür sorgt, daß es Dir gut geht? Du bist es!

Warum willst Du warten? Das einzige, das Dich zurückhält, ist Deine Regel (Überzeugung), daß all diese Dinge passieren müssen, bevor Du Dich gut fühlen kannst. Brich diese willkürlichen Regeln und erfahre die Freude, die Du verdienst!

260

Wenn Du eine Regel zum Glücklichsein haben mußt, dann diese: »Nichts muß geschehen, damit ich mich gut fühle! Ich fühle mich gut, weil ich am Leben bin! Das Leben ist ein Geschenk, und ich schwelge darin!« Abraham Lincoln sagte einmal: »Die meisten Menschen sind so glücklich, wie sie entscheiden glücklich zu sein.« Die Geschichte seines Lebens und die Geschichte anderer Menschen, die über Tragödien triumphierten, sind wichtige Erinnerungen daran, daß wir die Kontrolle haben.

Nimm diese Regel an und beschließe, Deinen Standard für die eine Sache, über die Du vollkomme Kontrolle hast, zu erhöhen: Dich selbst.

Dies bedeutet, daß Du Dich verpflichtest, intelligent, flexibel und kreativ genug zu sein, um ständig einen Weg zu finden, Dein Leben so zu betrachten, daß jede Erfahrung eine Bereicherung wird.

Wie erkennen wir, ob wir im Einklang mit unseren Werten leben? Dies hängt vollkommen von unseren Regeln ab: Jenen Überzeugungen, die wir darüber pflegen, was geschehen muß, damit wir uns erfolgreich, glücklich oder gesund fühlen.

Es ist, als hätten wir einen Miniatur-Gerichtshof in unserem Gehirn installiert. Unsere persönlichen Regeln sind unser höchster Richter und unsere Geschworenen, sie entscheiden, ob unsere Handlungen die notwendigen Kriterien erfüllt haben, um das Erreichen eines bestimmten Wertes zu feiern, sie bestimmen, ob wir uns in einer Situation gut oder schlecht fühlen, ob wir uns selbst Schmerz oder Freude schenken.

Eine wichtige Frage, die wir beantworten müssen, wenn wir ständig Schmerz in unserem Leben spüren, ist diese: »Ist der Schmerz das Resultat meiner Situation oder meiner Regeln darüber, wie ich mich darin fühlen sollte?«

Macht mein »Sich-schlecht-fühlen-darüber« etwas besser? Welche Regel (Überzeugung) muß ich haben, um mich in dieser Situation schlecht zu fühlen?

Es ist wichtig, unsere Regeln zu untersuchen, um sicher zu sein, daß sie intelligent und angemessen sind. Die Regeln mancher Menschen, um sich gut zu fühlen, lauten, daß ihre Kinder nur Einsen in der Schule haben dürfen, daß sie selbst im Büro beim Verkauf die »Nummer 1« sein müssen, nur weniger als 10% Körperfett haben dürfen und zu jeder Zeit ruhig und ungestreßt sein sollen. Kannst Du Dir vorstellen, wie oft sich jemand mit diesen Regeln gut fühlt?

Untersuche Deine Regeln! Stelle sicher, daß sie Dir dienen!

Es ist erstaunlich, wie viele Leute scheinbar unendliche Möglichkeiten geschaffen haben, sich schlecht zu fühlen (Schmerz-Regeln), aber nur wenige Möglichkeiten, sich gut zu fühlen (Freuden-Regeln).

Suche Dir jetzt, in diesem Augenblick, eine Qualitätsregel aus, damit Du es Dir erlauben kannst, Dich etwas häufiger geliebt zu fühlen. Statt als Regel für Liebe aufzustellen: »Nur, wenn ein Mensch mir ständig erzählt, er liebt mich ... mir teuere Geschenke kauft ... mit mir gerne Reisen macht ... mich ständig berührt ... und bereit ist, Dinge zu tun, die er haßt, nur um mich glücklich zu machen« – was ganz eindeutig die Zeiten, in denen Du Dich geliebt fühlst, sehr begrenzt –, könntest Du vielleicht Deine Regeln vereinfachen: »Ich spüre immer Liebe, wenn ich liebevolle Gedanken habe, oder einem anderen gegenüber meine Liebe und Wärme ausdrücken kann.«

Passen die Regeln, die Dein Leben lenken, heute noch zu dem, der Du geworden bist? Hältst Du an Regeln fest, die Dir in der Vergangenheit geholfen haben, Dir aber in der Gegenwart schaden?

Es mag zum Beispiel zu einem Zeitpunkt in Deinem Leben sehr wichtig gewesen sein, als der härteste Typ weit und breit gegolten zu haben und niemals Gefühle zu zeigen. Während Dir diese Regel auf dem Schulhof geholfen haben mag, könnte sie jedoch beim Gestalten einer andauernden Beziehung weniger effektiv sein.

Oder wenn Du Rechtsanwalt von Beruf bist, dann achte darauf, daß Du nicht die Metapher Deiner Arbeit – die Regeln, die damit einhergehen – mit nach Hause trägst. Sonst nimmst Du womöglich Deinen Schatz jeden Abend ins Kreuzverhör.

Welche Regeln der Vergangenheit kannst Du jetzt loslassen?

Woher weißt Du, ob Du erfolgreich bist? Zwei Männer mit unterschiedlichen Regeln für Erfolg besuchten eines meiner Seminare. Einer war ein bekannter Manager, mit jedem nur denkbaren Grund, sich »ganz oben« zu fühlen: Eine glückliche Ehe, fünf hübsche Kinder, ein siebenstelliges Einkommen, einen Körper, gestählt vom Marathonlaufen. Doch er fühlte sich wie ein Versager. Warum? Weil er vollkommen unrealistische Regeln hatte.

Im Gegensatz dazu fühlte sich ein anderer Mann, der keinen der genannten Vorzüge hatte, richtig erfolgreich. Als ich ihn fragte, was geschehen muß, damit er sich erfolgreich fühlt, antwortete er: »Alles, was ich tun muß, ist morgens aufzuwachen, herabzusehen und festzustellen, daß ich über der Erde bin – denn jeder Tag über der Erde ist ein großartiger Tag!«

Was denkst Du? Welcher dieser beiden Männer ist erfolgreicher?

266

Ganz bestimmt wollen wir die Kraft von Zielen, die Anziehungskraft einer zwingenden Zukunft nutzen, um uns selbst voranzubringen. Doch wir müssen dafür sorgen, daß hinter allem Regeln stehen, die es uns erlauben, glücklich zu sein, wann immer wir es wollen.

Was muß geschehen, damit Du Dich glücklich fühlst? Oder sicher? Oder geliebt?

Woran erkennst Du, ob eine Regel Kraft kostet und ausgewechselt werden muß? Deine Regel schwächt Dich, wenn..:

1. Sie nicht eingehalten werden kann (wenn Deine Kriterien so komplex oder zahlreich oder starr sind, daß Du das Spiel des Lebens niemals gewinnen kannst),

2. Etwas, das Du selbst nicht kontrollieren kannst, entscheidet, ob die Regel eingehalten wurde (z.B. wenn andere Menschen in einer bestimmten Art und Weise auf Dich reagieren müssen, bevor Du glücklich sein kannst);

3. Sie Dir nur wenige Möglichkeiten erlaubt, Dich ganz gut zu fühlen, und viele Möglichkeiten, Dich schlecht zu fühlen (z.B., wenn Du Dich nur gut fühlst, wenn alles genauso geschieht, wie vorausgesagt, gegenüber einem Sich-schlecht-Fühlen, wenn irgend etwas anderes geschieht).

268

Jetzt, in diesem Augenblick, ergreife die Kontrolle über Deine Regeln. Beantworte die folgenden Fragen so gründlich wie möglich:

1. Was ist notwendig, damit Du Dich erfolgreich fühlst?
2. Was ist notwendig, damit Du Dich geliebt fühlst: Von Deinen Kindern, Deinem Partner, Deinen Eltern oder von irgend jemandem, der für Dich wichtig ist?
3. Was ist notwendig, damit Du zuversichtlich sein kannst?
4. Was ist notwendig, damit Du Dich auf jeder Ebene Deines Lebens gut fühlst?

Jede Unstimmigkeit, die Du jemals mit einem anderen menschlichen Wesen gehabt hast, ist eine Regelunstimmigkeit. Du bist nicht wegen der anderen Person aufgebracht, Du bist aufgebracht, weil sie oder er Deine Regeln verletzt hat, eine Deiner Prinzipien oder Überzeugungen darüber, wie die Dinge sein könnten oder sein müßten. Tatsächlich magst Du sogar eine Deiner eigenen Regeln, wie man sich benehmen, denken oder fühlen sollte, verletzt haben.

Wenn Du Dich das nächstemal über jemanden ärgerst, erinnere Dich daran, daß Du nicht über den Menschen verärgert bist. Du handelst entsprechend Deiner Regeln für die Situation. Frage Dich einfach: »Was ist in diesem Fall wichtiger: Meine Regeln oder meine Beziehung zu diesem Menschen?«

Nutze diese Musterunterbrechung, um Dich darauf zu re-fokussieren, wie Du auf eine mehr von Herzen kommenden Weise kommunizieren kannst, und Du wirst sehen, daß Du eine Konfliktsituation sofort transformieren kannst.

270

Erwarte nicht, daß sich die Menschen an Deine Regeln halten, wenn Du nicht deutlich vermittelst, wie sie lauten. Und erwarte nicht, daß sie nach Deinen Regeln leben, wenn Du nicht willens bist, Kompromisse zu machen und wenigstens nach einigen der ihren zu leben.

Erinnere Dich auch daran, daß es auch dann Mißverständnisse geben kann, wenn Du all Deine Regeln vorher abgeklärt hast. Deshalb ist ständige Kommunikation so wichtig. Vermute nicht – wenn es um Regeln geht, kommuniziere!

Einige Regeln haben größere Kraft uns zu lenken als andere. Denke an eine Gesundheitsregel, die Du absolut niemals verletzt. Welche Worte benutzt Du, um diese »unverletzbare« Regel zu beschreiben? Manche sagen: »Ich nehme niemals Drogen.« Wie drückst Du – im Gegensatz dazu – eine Regel aus, die Du manchmal verletzt, dies aber später bereust? Einige sagen: »Nun ja, ich sollte kein Junk-Food essen...«.

Nachdem ich die Regeln von Zehntausenden von Menschen kennengelernt habe, kann ich Dir sagen, daß Du die Regeln, die Du mit: »Ich sollte niemals...« beschreibst, brechen wirst. Die Regel, die Du mit: »Ich darf niemals« beginnst, wirst Du selten, wenn überhaupt, brechen. Die letzteren nenne ich »Schwellenregeln«.

Wie kannst Du einige Deiner »Soll-« in »Muß-Regeln« verwandeln und dadurch sofort von diesen Verhaltensregeln profitieren?

Zuviele Regeln zu haben macht das Leben unerträglich. Ich sah einmal ein Fernsehprogramm, das 20 Familien mit Fünflingen vorstellte. Jedes Elternpaar wurde gefragt: »Was ist das Wichtigste, das Sie gelernt haben, um nicht verrückt zu werden?« Die Botschaft, die am häufigsten wiederholt wurde, war: »Habe nicht zuviele Regeln!« Warum? Der gesunde Menschenverstand diktiert einfach, daß bei so vielen sich bewegenden Körpern und Persönlichkeiten, irgendeiner mindestens 1 x in der Stunde gegen irgend etwas verstoßen wird, wenn Du zuviele Regeln hast. Und deshalb lebst Du dann im Streß!

Wäre es nicht viel schlauer, einfach nur ein paar Regeln herauszusuchen, nach denen zu leben ist – diejenigen, die wirklich wichtig sind? Ich kann es Dir verraten: Je weniger Regeln Du in Deinen Beziehungen hast, umso glücklicher wirst Du sein.

Übrigens, ich habe eine Regel für Dich:
Während Du die neuen Regeln für Dein Leben entwirfst, mußt Du Spaß haben! Über-
treibe, erforsche die äußeren Grenzen.

Brich Deine alten Regeln. Entwirf einige
verrückte neue! Du hast Dein Leben lang
Regeln benutzt, um Dich einzuschränken
oder zurückzuhalten, warum nicht auf ihre
Kosten ein wenig lachen? Um Liebe zu
spüren, mußt Du vielleicht nichts anderes
tun, als mit Deiner kleinen Zehe zu wackeln.
Das hört sich verrückt an, aber wer bin ich
schon, zu entscheiden, was Dir Spaß
macht?

10. Abschnitt

Der Schlüssel zu einem bereicherten Leben

Identität und Referenzen

•

»Wenn wir alle die Dinge tun würden,
zu denen wir fähig sind,
wir würden uns buchstäblich selbst
erstaunen.«

Thomas A. Edison

274

Was unterscheidet Dich von allen anderen Menschen auf diesem Planeten? Eine sehr wichtige Quelle der Einzigartigkeit sind Deine Erfahrungen. Alles, was Du jemals getan hast, ist nicht nur in Deiner bewußten Erinnerung gespeichert, sondern auch in Deinem Nervensystem. Alles, was Du jemals gesehen, gehört, berührt, geschmeckt oder gerochen hast, ist in einer riesigen Ablage – bekannt als Dein Gehirn – verwahrt.

Diese bewußten oder unbewußten Erinnerungen werden Referenzen genannt. Diese Erfahrungen sind es, auf die wir uns stützen, um Sicherheit darüber zu haben, was wir glauben – eingeschlossen einige der wichtigsten Überzeugungen darüber, wer wir sind und was wir können.

275

Welche Erfahrungen haben Dein Leben am intensivsten geformt?

Bevor sie an einem meiner Seminare teilnehmen, werden die Teilnehmer gebeten, einen gründlichen Fragebogen auszufüllen, auf dem sie auch die fünf Ereignisse aufführen, von denen sie glauben, daß sie ihr Leben kraftvoll geformt haben. Was dabei fasziniert, ist, daß viele Menschen zwar dieselben Erfahrungen (Referenzen) haben, sie aber vollkommen unterschiedlich beurteilen. Auf diese Weise ist ihr Leben heute unterschiedlich.

Zwei Männer verlieren ihre Eltern in jungen Jahren. Einer nimmt diese Erfahrung zum Anlaß, sich vor jedem intimen Kontakt zu verschließen, während der andere zu einem der offensten und sensibelsten Menschen wird, dem man nur begegnen kann.

Es sind nicht nur die Referenzen, die unser Leben formen, sondern auch die Bedeutung, die wir ihnen verleihen.

276

Du bist der Chef-Designer Deines Lebens, ob Du Dir dessen bewußt bist oder nicht. Stelle Dir alle Deine Entscheidungen wie einen großen Wandteppich vor, der in jedem Muster, das Du Dir wünscht, gestaltet werden kann. Jeden Tag fügst Du dem Gewebe einen neuen Faden hinzu ...

Fertigst Du einen Vorhang, um Dich dahinter zu verstecken, oder entwirfst Du einen magischen Teppich, der Dich in ungeahnte Höhen tragen wird? Überarbeitest Du bewußt das Muster, bis die Erinnerungen, die Dich kraftvoll unterstützen, der Mittelpunkt Deines Meisterwerkes sind?

Nimm Dir einen Augenblick Zeit, um die fünf Erfahrungen niederzuschreiben, die Dich am kraftvollsten geformt haben.

Beschreibe nicht nur das Ereignis, sondern erkläre, wie es auf Dich gewirkt hat. Wenn Dir etwas einfällt, das scheinbar negative Konsequenzen hat, interpretiere es sofort neu, egal, was dazugehört. Dies mag einen gewissen Glauben erfordern, es mag eine neue Perspektive nötig sein, die Du früher niemals bedacht hast. Erinnere Dich: In allen menschlichen Erfahrungen liegt ein Wert.

278

Um etwas erreichen zu können, brauchen wir ein Gefühl der Zuversicht. Unsere Referenzen helfen uns, diesen richtigen emotionalen Zustand aufzubauen. Wenn wir jedoch keine Erfahrungen – keine Referenzen – für etwas haben, wie können wir zuversichtlich darüber sein? Mache Dir klar, daß Deine Referenzen nicht auf Deine tatsächlichen Erfahrungen begrenzt sind: Deine Imagination hat unbegrenzte Referenzen, um Dich zu unterstützen.

Erinnere Dich: Als Roger Bannister den 4-Minuten-Meilen-Rekord brach, geschah dies zu einem großen Teil, weil er im Geiste diese Aufgabe bereits bewältigt hatte. Sein wiederholtes Visualisieren, den Rekord zu brechen, versah ihn mit den Referenzen und dadurch mit der Überzeugung, sein höchstes Potential mobilisieren zu können.

Wieviele Barrieren könntest Du durchbrechen, wenn Du nur die Kraft Deiner Vorstellung dazu nutzen würdest, Dir die Referenzerfahrung des Durchbruchs zu verschaffen?

Deine Vorstellungskraft ist zehnmal so stark wie Deine Willenskraft. Entfesselt gibt sie Dir ein Gefühl der Gewißheit und beharrlicher Vision, die weit über jede Einschränkung der Vergangenheit hinausreicht.

Andre Agassi erzählte mir neulich, daß er Wimbledon im Alter von 10 Jahren schon mehr als tausendmal gewonnen hatte ... im Geiste. Seine beständige und lebendige Visualisierung des Sieges gab ihm die innere Gewißheit, die ihn schließlich im Sommer 1992 zu seiner Realisierung führte.

Welche Träume kannst Du durch den ständigen Einsatz Deiner Vorstellungskraft Realität werden lassen?

280

Ein einfacher Weg, um ganz schnell Deine persönliche Referenz-Erfahrungs-Bibliothek zu ergänzen, ist das Erforschen des Reichtums der Literatur, von Geschichten, Mythen, Gedichten und der Musik, die um Dich herum zu haben sind. Lies Bücher, sieh Dir Filme und Videokassetten an, besuche Schauspiele, Seminare, sprich mit Freunden. Alle Referenzen haben Kraft, und Du weißt nie, welche davon Dein ganzes Leben verändern kann.

Die Kraft des Lesens eines großartigen Buches besteht darin, daß Du beginnst, wie der Autor zu denken. In jenen magischen Augenblicken, umgeben von den Wäldern von Arden wirst Du zu William Shakespeare – Du bist Robert Louis Stevenson, solange Du gestrandet auf der Schatzinsel liegst – Du bist Henry David Thoreau, während Du in Wäldern mit der Natur kommunizierst. Du fängst an, wie sie zu denken, wie sie zu fühlen, und benutzt Deine Vorstellungskraft, genau wie sie es tun würden. Ihre Referenzen werden zu Deinen eigenen, und Du trägst sie in Dir, noch lange nachdem Du das letzte Blatt gewendet hast.

Welche Faszination, welcher Spaß, welche bereichernden Abenteuer kannst Du mit einem guten Buch, einem unterhaltsamen Schauspiel oder einer anrührenden Musik erleben?

Wie wäre es, wenn Du die Überzeugung annehmen könntest, daß es keine schlechten Erfahrungen gibt? Stimmt es nicht, daß jede Erfahrung, gleichgültig, was Du im Leben mitmachst – sei es schwierig oder einfach, schmerzhaft oder freudig – etwas Wertvolles enthält, wenn Du nur danach suchst?

Reflektiere eine Deiner schlimmsten Erfahrungen. Die Kraft, Dein Leben zu gestalten, bekommst Du, wenn Du die Bedeutung veränderst, die Du mit diesem Ereignis verbindest. Wenn Du zurückblickst, kannst Du etwas erkennen, das positiv verändert wurde? Vielleicht wurdest Du entlassen, ausgeraubt, in einen Überfall verwickelt, und aus dieser Erfahrung heraus hast Du schließlich einen neuen Entschluß gefaßt, ein neues Bewußtsein oder eine neue Sensibilität für andere entwickelt, die Dich veranlaßt hat, als Mensch zu wachsen, und die Deine Fähigkeit zu helfen, deutlich vergrößerte.

Begrenzte Erfahrungen schaffen ein begrenztes Leben. Wenn Du Bereicherung und Wachstum anstrebst, mußt Du Deine Referenzen aufstocken, indem Du Ideen und Erfahrungen verfolgst, die – würdest Du nicht bewußt danach suchen – nicht Teil Deines Lebens wären. Selten wird Dir eine große Idee nachlaufen, Du mußt aktiv nach ihr suchen!

Was wäre etwas, das Du niemals überlegt hast zu tun und das Dir eine ganz neue Welt eröffnen könnte?

Verfolge einige Erfahrungen, die Du nie vorher gemacht hast:

Geh Tiefseetauchen und erforsche die Unterwasser-Welt, sieh, wie sich das Leben in einer ganz neuen Umwelt abspielt ... verbringe einen Abend in einem Symphonie-Konzert, wenn das etwas ist, was Du noch nie getan hast, geh auf ein Rock-Konzert, wenn es das ist, was Du gewöhnlich vermeidest ... Besuche ein Kinderkrankenhaus ... tauche in eine fremde Kultur ein, sieh die Welt durch die Augen eines anderen ... nimm an einem Mitfahr-Programm Deiner örtlichen Polizeistation teil.

Denke daran: Jede Einschränkung in Deinem Leben ist möglicherweise nur das Ergebnis limitierter Referenz-Erfahrungen. Erweitere Deine Referenzen, und Du erweiterst sofort Dein Leben.

Welches wären einige der neuen Erfahrungen, die Du brauchst? Eine gute Frage, die Du Dir selbst stellen kannst, ist folgende: »Welche Referenzen brauche ich, um das zu erreichen, was ich wirklich will?«

Überlege einmal, welche lustigen Erfahrungen Du gern machen würdest. Stelle Dir einige Dinge vor, die unterhaltend wären und dafür sorgen würden, daß Du Dich gut fühlst.

Hast Du die Liste neuer Referenzen, die Du erwerben möchtest, aufgestellt, lege für jede einen Zeitplan fest. Entscheide, wann Du Dich daran machen wirst, jede einzelne zu erleben. Wann wirst Du Spanisch lernen oder Griechisch oder Japanisch? Wann unternimmst Du die Heißluft-Ballon-Fahrt? Wann besuchst Du ein Altenheim und singst Weihnachtslieder? Wann tust Du etwas Ungewöhnliches und Neues?

Eine der kraftvollsten Referenzen, die ich mit meinem Sohn teile, erlebten wir in jenem Jahr, als wir am Erntedankfest Körbe mit Lebensmitteln verteilten. Ich hatte meinen damals vierjährigen Sohn bestärkt, einem Mann einen Korb zu bringen, der im Eingang einer öffentlichen Toilette schlief. Zu meinem großen Erstaunen berührte Jairek ihn an der Schulter und rief: »Frohes Erntedankfest!« Plötzlich richtete sich der Mann auf und griff nach ihm. Mein Herz schlug bis zum Hals, und gerade als ich nach vorn springen wollte, nahm der Mann vorsichtig Jaireks Hand und küßte sie. Heiser wisperte er: »Danke für Deine Fürsorge.« Ich frage mich, kann man einem Kind ein kraftvolleres Geschenk am Erntedankfest geben?

Welche bewegende Erfahrung kannst Du mit jemandem, den Du liebst, teilen?

Du mußt keine Safari machen, um Deine Referenzen zu erweitern. Du kannst einfach um die Ecke gehen und jemandem in Deiner Gemeinde helfen. Ganze Welten tun sich mit der Ergänzung einer neuen Referenz auf. Es kann eine neue Sache sein, die Du hörst oder siehst, ein Gespräch oder ein Film oder ein Seminar oder etwas, was Du auf der allernächsten Seite liest – Du weißt nie, wann es passiert.

288

Komm vom Zaun herunter und springe in das Spiel des Lebens. Laß Deine Vorstellung mit all den Möglichkeiten dessen durchgehen, was Du entdecken und erfahren kannst – und beginne sofort!

Welche neue Erfahrung, die Dein Leben erweitern würde, könntest Du heute machen? Was für ein Mensch würdest Du dadurch werden?

Es gibt eine Kraft, die Dein Leben formt. Sie entscheidet, was Du für möglich oder für unmöglich hältst, was Du in Angriff nimmst oder wovor Du zurückschreckst, wie Du denkst und wie Du handelst.

Diese Kraft ist der Glaube daran, wer Du bist: Deine Identität.

Wir alle haben mindestens eine Art, wie wir uns definieren, und diese Definition berührt alle Aspekte unseres Lebens. Wenn Du Dich zum Beispiel als konservativ erachtest, dann wirst Du Dich anders bewegen und sogar anders sprechen, als wenn Du Dich für sehr temperamentvoll hältst.

Eine Veränderung in Deiner persönlichen Definition wird sofort die Begabungen verändern, die Du zeigst, das Benehmen, das Du demonstrierst, und die Ziele, die Du verfolgst. Dies ist der Filter, durch den jede Entscheidung getroffen wird, die Grundüberzeugung, nach der Du alle Erfahrungen des Lebens interpretierst.

Hast Du jemals gesagt: »Das kann ich nicht tun?« Wenn Du diese Phrase benutzt hast, so hast Du die Grenzen dessen, wie weit Du Dich in der Vergangenheit definiert hast, erreicht, und dies beeinflußt die Qualität Deines heutigen Lebens.

Frage Dich: »Woher kommen diese Überzeugungen, wer ich bin, und wie alt sind sie?« Vielleicht ist es an der Zeit, Deine Identität zu erneuern? Hast Du sie bewußt gewählt oder ist sie die Summe dessen, was die Menschen Dir gesagt haben, signifikanter Momente Deines Lebens oder anderer Faktoren, die in Deinem Leben ohne Dein bewußtes Dazutun oder Deine Zustimmung geschehen sind?

Wenn Du anfängst, Dich anders zu definieren, auf eine Art und Weise, die Dir Kraft gibt und besser zu dem paßt, der Du heute bist, wie würdest Du beschreiben, was aus Dir wurde?

Wir alle müssen unsere Sichtweise dessen, wer wir sind und was wir können, erweitern. Wir müssen dafür sorgen, daß die Etiketten, die wir uns verpassen, keine Einschränkungen, sondern Erweiterungen sind, daß wir verstärken, was bereits gut in uns ist.

Paß auf: Was Du ständig den Worten »ich bin« hinzufügst, das wirst Du werden. Zum Beispiel sagen manche Leute: »Ich bin eine faule Person.« Vielleicht sind sie gar nicht faul, viellleicht haben sie nur langweilige Ziele.

Definierst Du Dich auf eine Art, die Grenzen setzt? Werden diese Grenzen zu einer Sich-selbst-erfüllenden-Prophezeiung? Wenn ja, dann ändere sie jetzt!

Jedesmal, wenn wir in unserem Leben eine Veränderung vornehmen, werden andere in unserer Umgebung entweder eine Hilfe oder ein Hindernis bei unserem Fortschritt sein. Wenn sie weiterhin genauso über uns denken, wie sie es in der Vergangenheit getan haben, dann kann ihre Überzeugung, wie wir gewesen sind, tatsächlich als negativer Anker wirken, der uns zeitweise in die alten, begrenzenden Gefühle und Überzeugungen zurückzieht, die einst Teil unserer Identität waren.

Wir müssen uns darüber klar sein, daß wir die allerhöchste Macht haben zu definieren, wer wir sind. Unsere Vergangenheit bestimmt nicht unsere Gegenwart oder Zukunft.

Handle und beanspruche von heute an Deine neue, kraftspendende Identität!

Wenn Du wiederholt versucht hast, Dich positiv zu verändern, doch immer wieder gescheitert bist, dann sieht es so aus, als wenn Du versucht hast, zu einem Verhalten überzugehen, das nicht mit Deinen Überzeugungen darüber, wer Du bist, übereinstimmte. Um die tiefgreifendsten und schellsten Veränderungen in der Qualität Deines Lebens zu erzielen, mußt Du Deine Identität verändern, wechseln und erweitern.

Statt z.B. ein Verhalten wie das Trinken einfach nur zu stoppen, kannst Du Deine Identität dahingehend erweitern, daß Du ein gesunder Mensch bist, der sich dem Erbringen von Spitzenleistungen widmet. Als die natürliche Konsequenz dieser Entscheidung ist der Mißbrauch von Alkohol etwas, das Du nicht mehr in Betracht ziehen wirst.

Was ist eine Identitätskrise? Vielleicht die beste Definition dieser relativ häufigen Erscheinung ist, daß sie auftritt, wenn Menschen nicht in Einklang mit ihrer Überzeugung, wer sie sind, handeln und deshalb alles in Frage stellen. Aber weiß irgend jemand von uns wirklich ganz genau, wer wir sind? Ich vermute »Nein«.

Eine Identität zu haben, die speziell an das Alter oder das Aussehen geknüpft ist, wird jemanden zweifellos für Schmerz und zukünftige Krisen prädestinieren, denn schließlich sind dies Dinge, die sich ändern. Aber wenn wir ein tieferes Gefühl dafür haben, wer wir sind, vielleicht sogar eine spirituelle Definition, dann gerät unsere Identität niemals in Gefahr.

Nimm Dir einen Augenblick Zeit, um herauszufinden, wer Du bist. Entschließe Dich, neugierig und spielerisch mit der Beantwortung der Frage: »Wer bist Du?« umzugehen.

Definierst Du Dich nach Deiner Vergangenheit, der Gegenwart oder nach zukünftigen Erfolgen? Nach Deinem Beruf? Deinem Einkommen? Deinen Rollen im Leben? Deinen spirituellen Überzeugungen? Deinen körperlichen Attributen?

Nach etwas, was all diese Kategorien transzendiert?

296

Wenn Du Deinen Namen in einem Lexikon nachschlagen könntest, wie würdest Du beschrieben werden? Würden drei Worte ausreichen, oder würde Deine ausführliche Geschichte Seite um Seite füllen, vielleicht sogar einen ganzen Band für sich allein?

Jetzt, in diesem Augenblick, schreibe einfach einmal die Beschreibung auf, die Du im Brockhaus unter Deinem Namen finden möchtest.

Wenn Du einen ganz persönlichen Personalausweis entwerfen solltest, der darstellen
müßte, *wer* Du wirklich bist, was stünde
darauf – und was würdest Du weglassen?
Würdest Du ein Foto oder eine Beschreibung, wie Du aussiehst, einfügen, oder
hältst Du dies für unwichtig? Würde der
Ausweis Deinen Personenstand enthalten?
Deine Erfolge? Werte? Gefühle? Glaubenssätze? Hoffnungen? Dein Leitmotiv?

Nimm Dir einen Augenblick Zeit, Deinen
»Personalausweis« zu entwerfen, ein sehr
persönliches Stück der Identifikation, das Du
benutzen kannst, um jemandem zu zeigen,
wer Du wirklich bist.

298

Sollten einige Aspekte Deiner Identität Dir Schmerzen bereiten, warum hältst Du an ihnen fest? Sie sind doch nichts weiter als etwas, mit dem Du Dich einmal identifiziert hast – bis jetzt.

Laß Dich von der wundersamen Imagination leiten, die das Herz und die Seele eines Kindes erfüllt. An einem Tag ist er Zorro, der Rächer der Geächteten. Am nächsten Tag ist er Herakles, der stärkste Mann auf der Erde. Und heute ist er Großvater, sein wahrer Held im richtigen Leben. Identitätsveränderungen können zu den fröhlichsten, magischsten und befreiendsten Erfahrungen des Lebens gehören. Innerhalb eines Augenblicks können wir uns total neu definieren oder wir können uns einfach entscheiden, unser wahres Ich durchscheinen zu lassen, die großartige Identität aufzudecken, die mehr ist, als unser Verhalten, mehr als unsere Vergangenheit, mehr als jedes Etikett, das wir uns selbst gegeben haben.

Wenn Du sein könntest, wer immer Du sein möchtest, woraus würde Deine Identität bestehen? Erstelle eine Liste aller Elemente, die Du einbeziehen möchtest. Wer hat bereits die Merkmale, die Du haben möchtest? Können diese Leute als Rollen-Modell dienen? Stell Dir vor, wie Du diese neue Identität in Dich aufnimmst. Male Dir aus, wie Du atmest. Wie würdest Du gehen? Wie würdest Du stehen? Wie würdest Du denken? Wie würdest Du fühlen?

Freue Dich über die Kraft, die Du jetzt, in diesem Augenblick, hast, jeden Teil Deiner Identität einfach dadurch zu verändern, indem Du Dich entscheidest, es zu tun.

300

Wenn Du wahrhaftig Deine Identität erweitern möchtest – und Dein Leben –, dann entscheide bewußt, wer Du sein möchtest. Spüre die Erregung, sei wieder wie ein Kind und beschreibe in allen Einzelheiten, wer zu sein Du beschlossen hast.

Nimm Dir dafür Zeit und entwirf eine ausführliche Liste – und beschränke Dich nicht selbst.

301

Die Menschen, mit denen wir unsere Zeit verbringen, haben einen kraftvollen Einfluß darauf, wie wir uns selbst sehen. Während Du Deinen Aktionsplan entwickelst, der Deine neue Identität stärken soll, achte mit besonderer Sorgfalt auf die Leute, mit denen Du Dich umgibst.

Werden Deine Freunde, Deine Familie und Deine Geschäftspartner die neue Identität, die Du erschaffst, unterstützen, oder werden sie sie niederreißen?

Verpflichte Dich zu Deiner neuen Identität, indem Du jeden, der um Dich herum ist, davon benachrichtigst. Die wichtigste Nachricht jedoch geht an Dich selbst. Benutze Dein neues Etikett, um Dich Dir selbst jeden neuen Tag zu beschreiben, und Du wirst Dich darauf konditionieren.

303

In diesem Augenblick kannst Du beginnen, die Identität zu leben, die Du gewählt hast. Frage Dich selbst: »Was könnte ich noch sein? Was werde ich noch sein? Wer werde ich jetzt werden?«

Versprich Dir selbst, daß Du – ohne Rücksicht auf die Umgebung – beständig wie ein Mensch handeln wirst, der die Ziele, die Du setzt, bereits erreicht hat. Atme wie diese Person. Reagiere auf andere Menschen wie diese Person. Behandle andere mit Würde, Respekt, Mitgefühl und Liebe, so wie es diese Person tun würde.

Wenn Du Dich entscheidest, wie die Person, die Du sein möchtest, zu denken, zu fühlen und zu handeln, dann wirst Du diese Person werden!

Du stehst jetzt an einer Kreuzung. Vergiß Deine Vergangenheit. Wer bist Du jetzt? Denke nicht daran, wer Du gewesen bist. Wer zu werden hast Du Dich entschieden?

Triff diese Entscheidung. Triff sie sorgfältig. Triff sie kraftvoll. Und dann handle danach!

11. Abschnitt

Alles miteinander verbinden

Gesundheit, Finanzen, Beziehungen
und ein Verhaltenskodex

•

»Geh und lege Deinen Glauben in
Deine Taten.«

Ralph Waldo Emerson

305

Beginne nun, den Lohn einiger der Strategien, Werkzeuge und der täglichen Lektion in Selbstmeisterung, die Du gelernt hast, einzuheimsen. Während Du jede Seite dieses Kapitels liest, wirst Du Dich auf einige große Gebiete fokussieren – physisch, finanziell und beziehungsmäßig – und eine Methode entwickeln, die gewährleistet, daß Du jeden einzelnen Tag im Einklang mit Deinen höchsten Prinzipien lebst.

Genauso, wie Du gelernt hast, Dein Nervensystem so zu konditionieren, daß es jenes Verhalten erzeugt, das Dir die Ergebnisse beschert, die Du möchtest, so hängt Deine physische Zukunft davon ab, wie Du Deinen Stoffwechsel und Deine Muskeln konditionierst, damit sie das Niveau von Fitneß und Energie produzieren, das Du Dir wünschst.

Was tust Du regelmäßig, um auf Deinen Körper zu achten und das Niveau an Gesundheit zu erreichen, das Du möchtest?

Was veranlaßt den menschlichen Körper, in Spitzeneffizienz zu funktionieren? Die unbeschreiblichen Erfolge von Stu Mittelman beschreiben die Macht einiger Grundprinzipien. Mittelman brach den Weltrekord in Langstrecken, indem er über 1000 Meilen in 111 Tagen und 19 Stunden lief, im Durchschnitt 84 Meilen pro Tag! Noch erstaunlicher ist vielleicht, daß er – Zeugenaussagen nach – am Ende seines Laufes besser aussah als an der Startlinie. Er erlitt keine Verletzung, noch nicht einmal eine Blase.

Was erlaubte es ihm, seinen Körper bis an die Grenzen zu belasten und sein Potential ständig im Höchstmaß auszuschöpfen, ohne ihn zu verletzen? Mittelman bewies, indem er Jahre dem Training von Körper und Geist gewidmet hatte, daß wir uns allem anpassen können, wenn wir die richtigen Forderungen an uns ständig erhöhen.

308

Welches war das Geheimnis, das Stu Mittelman in die Lage versetzte, einen neuen Rekord im Langstreckenlauf aufzustellen? Schlicht und einfach, daß Gesundheit und Fitneß nicht dasselbe sind.

Was ist Fitneß? Nach Dr. Philipp Maffetone ist es »die physische Fähigkeit, athletische Aktivitäten zu vollbringen«. »Gesundheit« jedoch wird viel weitläufiger definiert, als »Zustand, in dem alle Systeme des Körpers ... in optimaler Weise arbeiten.« Viele Menschen glauben, daß Fitneß Gesundheit beinhalte, doch die beiden gehen nicht notwendigerweise Hand in Hand. Wenn Du Fitneß auf Kosten der Gesundheit erreichst, lebst Du vielleicht nicht lang genug, um Deinen spektakulären Körperbau zu genießen...

Was kommt für Dich zuerst? Hast Du eine Balance zwischen Gesundheit und Fitneß hergestellt?

Wie maximieren wir also unsere Gesundheit? Der beste Weg ist, den Unterschied zwischen aeroben und anaeroben Übungen zu kennen, zwischen Ausdauer und Kraft. Aerob bedeutet »mit Luft« und bezieht sich auf moderate Übungen, die einen gewissen Zeitraum andauern. Wenn Du Deine Ausdauer durch Aerobic aktivierst, verbrennst Du Fett als hauptsächlichen Treibstoff. Anaerob bedeutet dagegen »ohne Sauerstoff« und bezieht sich auf Übungen, die kurzzeitig Kraft hervorrufen. Anaerobe Übungen verbrennen Glycogen als Haupt-Treibstoff und veranlassen den Körper, Fett zu speichern.

Hälst Du Dich selbst für gesund? Für fit? Oder für keines von beiden?

Warum leiden so viele Menschen unter Müdigkeit? Aus dem Wunsch heraus, die besten Ergebnisse in kürzester Zeit zu erzielen, pflegen viele einen anaeroben Lebensstil, überschwemmt von Streß und Überforderung. Sie entziehen ihrem System Glycogen, indem sie anaerob trainieren. Der Körper nimmt sich als zweite Treibstoffquelle Blutzucker, und dies verursacht Kopfschmerzen, Müdigkeit und andere Probleme.

Wie kannst Du von anaeroben zu aeroben Übungen wechseln?

Indem Du langsamer wirst. Nach Dr. Maffetone können die meisten Übungen, wie Gehen, Laufen, Radfahren oder Schwimmen, entweder anaerob oder aerob ausgeführt werden. Geringerer Pulsschlag macht sie aerob, während erhöhter Pulsschlag sie anaerob werden läßt.

Mußt Du langsamer werden? Bei Deinem Training? In Deinem Lebensstil?

Um Deinen Körper in eine Fettverbrennungs-Anlage zu verwandeln, mußt Du Deinen Metabolismus darauf trainieren, ständig auf aerobe Weise zu arbeiten. Dr. Maffetone empfiehlt, über einen Zeitraum von 2 bis 8 Monaten ausschließlich aerobe Übungen zu machen. Um ein Gleichgewicht zwischen Gesundheit und Fitneß herzustellen, können anaerobe Workouts 3 x in der Woche in Dein Übungsprogramm eingebaut werden.

Wen solltest Du konsultieren, um Deine Gesundheit zu optimieren? Welche Ressourcen könntest Du besser nutzen?

312

Der Philosoph Ludwig Wittgenstein schrieb: »*Der menschliche Körper ist das beste Abbild der menschlichen Seele.*«

Was sagt Dein Körper über Dein inneres Selbst?

Wahrscheinlich ist Sauerstoff das wichtigste Element, um Gesundheit aufzubauen. Ohne ihn werden unsere Zellen schwach und sterben.

Um zu verhindern, daß Du Deinem Körper während des Trainings zuviel Sauerstoff entziehst, mußt Du wissen, ob Du Dich über die aerobische Aktivität hinaus in die anaerobische bewegt hast.

Beantworte die folgenden Fragen:

1. Kannst Du, während Du trainierst, sprechen (aerob) oder bist Du zu angespannt (anaerob)?
2. Geht Dein Atem gleichmäßig und hörbar (aerob), oder mehr angestrengt (anaerob)?
3. Ist die Übung angenehm, jedoch ermüdend (aerob) oder fühlst Du Dich am Ende schon getrieben (anaerob)?
4. Wo liegt Deine Marke auf einer Skala von 0–10, wobei die »0« die geringste und »10« die größte Anstrengung bedeutet? Idealerweise pendelt Deine Bewertung zwischen »6–7«, wenn Du die »7« überschreitest, bewegst Du Dich in den anaeroben Bereich.

Auf folgende Weise beginnst Du beständige, angenehme Übungen in Dein Leben einzubauen:

1. Bestimme, ob Deine regulären Übungen aerobisch oder anaerobisch sind. Wachst Du müde auf? Fühlst Du Dich ausgebrannt? Leidest Du unter Stimmungsschwankungen und/oder Ziehen und Reißen nach dem Training? Hängt diese ewige Fettschicht an Dir, trotz intensivster Anstrengung?
   Wenn Du einige oder all diese Fragen mit »Ja« beantwortet hast, sieht es so aus, als würdest Du anaerob trainieren.

2. Kaufe ein tragbares Pulsfrequenz-Meßgerät, das Dir hilft, innerhalb Deiner optimalen aeroben Trainingsrate zu bleiben. Dies ist eine der besten Investitionen, die Du jemals machen wirst.

3. Entwickle einen Plan, um damit zu beginnen, Deinen Stoffwechsel darauf zu trainieren, Fett zu verbrennen und gleichmäßige Energie-Pegel zu produzieren. Halte Dich dann für mindestens 10 Tage an diesen Plan.

Wenige Dinge im Leben sind wichtiger als Deine Beziehungen zu meistern. Erfolg ist unbefriedigend, solange Du nicht jemanden hast, mit dem Du ihn teilen kannst – dies ist das am meisten gesuchte Gefühl der Zusammengehörigkeit. Laß uns in den nächsten Tagen sechs aufbauende Prinzipien, die grundlegend für den Erfolg jeder Beziehung – besonders Deiner Liebesbeziehung – sind, betrachten.

Dabei mußt Du die Werte und Regeln des Menschen, mit dem Du zusammen bist, kennen. Ganz gleich, wie sehr Du jemanden liebst, ganz gleich, wie innig Eure Beziehung ist, es wird Verärgerungen und schwächenden Streß geben, wenn ständig einer des anderen Regeln verletzt.

Wenn Du die Regeln Deines Partners nicht kennst (oder sie vergessen hast), finde sie heraus. Ist es eine Weile her, daß ihr sie besprochen habt, dann ist es gut, sie noch einmal zu checken.

316

Die einzige Art, wie eine Beziehung halten wird, ist, sie als einen Ort zu betrachten, an dem Du gibst, nicht als einen Ort, an dem Du nimmst.

Was ist in Deiner Beziehung das Wertvollste, das Du gibst?

Um eine Beziehung zu pflegen, achte auf die Warnsignale, die auftauchen können. Du kannst sie ausmerzen, bevor sie Dir entgleiten, wenn Du sie sofort erkennst und eingreifst.

Gibt es frühe Warnsignale in Deiner Beziehung, denen Du nachgehen mußt? Welches wären einige der Dinge, die Du heute tun kannst, um das Monster zu töten, solange es klein ist, bevor es eine Chance hat, unverhältnismäßig groß zu werden?

So oft gehen Beziehungen auseinander, ohne daß die Menschen überhaupt wissen, was schieflief. Die wichtigste Art und Weise, den Erfolg einer Beziehung zu sichern, ist, von vorneherein klar miteinander zu kommunizieren. Sorge dafür, daß Deine Regeln gekannt und respektiert werden.

Entwickle Musterunterbrechungen mit Deinem Partner, um jene Auseinandersetzungen zu verhindern, bei denen Du Dich nicht einmal mehr daran erinnern kannst, worüber Ihr gestritten habt, sondern nur noch daran, daß Du gewinnen mußtest.

Nutze das Transformationsvokabular, um Ärgernisse nicht über Gebühr ausufern zu lassen. Statt »Ich kann es nicht ertragen, wenn Du dies tust«, sage: »Ich würde es vorziehen, wenn Du statt dessen dies tun würdest.«

Hat Deine Liebesbeziehung eine der höchsten Prioritäten in Deinem Leben? Wenn nicht, wird sie einen hinteren Platz gegenüber all den anderen, mehr drängenden Dingen in Deinem Leben einnehmen, und Deine Leidenschaft wird allmählich verschwinden.

Erlaube der Gewohnheit nicht, um den Preis intensiver Erregung und Dankbarkeit, die Du fühlst, wenn Du jemanden »Besonderes« in Deinem Leben hast, von Dir Besitz zu ergreifen.

Wenn Du willst, daß Deine Beziehung anhält, bringe sie niemals in Gefahr. Die Aussage: »Wenn Du das tust, werde ich gehen«, bereitet schon den Boden. Konzentriere Dich statt dessen jeden Tag darauf, die Beziehung zu verbessern. Jedes Paar, das ich gekannt habe und das eine andauernde und erfüllende Beziehung hatte, machte es sich zur Regel, die Existenz der Beziehung niemals in Frage zu stellen, ganz egal, wie ärgerlich oder verletzt sich die Beteiligten zeitweise gefühlt haben.

Eines der besten Dinge, die Du jeden Tag tun kannst, ist, von neuem zu erleben, was Du an dem Menschen, mit dem Du eine Beziehung hast, liebst. Verstärke Dein Gefühl der Zusammengehörigkeit und erneuere Deine Gefühle von Innigkeit und Anziehung, indem Du beständig fragst: »Womit habe ich es verdient, Dich in meinem Leben zu haben?« Begib Dich auf die nicht endende Suche, neue Wege zu finden, Euch gegenseitig zu überraschen und Euch Eure Wertschätzung zu zeigen.

Nimm Dein Liebstes nicht für selbstverständlich – finde und schaffe jene speziellen Momente, die Eure Beziehung sagenhaft machen!

Was kannst Du heute für jemanden tun, den Du liebst?

322

Hast Du Dich entschieden, die Liebesbeziehung Deiner Träume zu haben? Hier sind einige der Kardinalregeln:

1. Verbringe Zeit mit Deinem »Besonderen anderen« und finde heraus, was für jeden von Euch am wichtigsten ist. Welches sind Deine höchsten Werte in der Beziehung, und was muß für jeden von Euch geschehen, damit diese Werte erfüllt werden?

2. Entscheide, daß es für Dich wichtiger ist zu lieben, als recht zu haben. Wenn Du jemals damit anfängst, recht haben zu müssen, unterbrich Dein eigenes Muster. Beende einen Konflikt, wenn es nötig ist, bis Du in einem ressourcenvolleren Zustand darauf zurückkommen kannst, eine Lösung zu finden.

323

Weitere Kardinalregeln für Beziehungen:

3. Ersinne Musterunterbrechungen, mit denen Ihr beide einverstanden seid, sie anzuwenden, wenn die Dinge zu hitzig werden. Nutze die bizarrste oder humorvollste Musterunterbrechung, die Du Dir ausdenken kannst, und mache sie zu einem privaten, persönlichen Spaß zwischen Euch beiden.
4. Wenn Du Widerstand spürst, kommuniziere mit »Weichmachern«, wie: »Ich weiß, es ist nur meine persönliche Eigenart, doch, wenn Du das tust, komme ich mir dabei vor, als wäre ich nicht ganz richtig...«
5. Plane regelmäßige Rendezvous-Nächte, vorzugsweise 1x in der Woche, doch mindestens 2 x im Monat. Denke Dir lustige, romantische Dinge aus, die ihr tun könnt.
6. Sorge dafür, daß Du jeden Tag einen langen Kuß bekommst – mindestens für 60 Sekunden!

324

Viele Menschen machen den Fehler zu denken, all ihre Probleme im Leben würden verschwinden, wenn sie nur genug Geld hätten. Doch mehr Geld zu verdienen wirkt selten befreiend. Genauso absurd ist es jedoch, Dir selbst zu sagen, daß größere finanzielle Freiheit und Meisterung Deiner Finanzen Dir nicht mehr Gelegenheiten bieten würde zu wachsen, zu teilen und Wertvolles für Dich und andere zu schaffen.

Reichtum zu schaffen ist einfach. Doch den meisten Menschen gelingt es nie, weil sie in ihren finanziellen Fundamenten Löcher – Wert- und Überzeugungskonflikte – haben. Der häufigste Grund, weshalb finanzieller Erfolg an den Menschen vorbeigeht, ist, daß sie gemischte Gefühle über Geld haben. Während sie das schätzen, was ihnen Geld ermöglichen könnte, glauben sie ebenso, daß sie dafür zu hart arbeiten müssen, oder daß es sie korrumpiert, oder daß jemand, der reich ist, andere ausgenutzt haben muß.

Ein anderer, weitverbreiteter Grund, warum viele Menschen nicht mit Geld umgehen können, ist, daß sie glauben, dies sei viel zu komplex und müsse den Experten überlassen bleiben.

Während es immer sinnvoll ist, eine gute Anleitung zu bekommen, müssen wir alle lernen, Verantwortung zu übernehmen und die Konsequenzen unserer finanziellen Entscheidungen zu verstehen.

Nach jahrelangem Studium der erfolgreichsten Menschen in unserer Kultur, habe ich fünf Schlüssel zur finanziellen Meisterschaft entdeckt. Der *erste Schlüssel* ist die Fähigkeit, Reichtum zu erschaffen. Wenn Du eine Möglichkeit finden kannst, den Wert dessen, was Du tust, um wenigstens 10–15 % zu steigern, dann kannst Du Dein Einkommen leicht erhöhen.

Beginne, indem Du Dich fragst: »Wie kann ich für diese Firma mehr wert sein? Wie kann ich helfen, mehr in weniger Zeit zu erreichen? Auf welche Art und Weise kann ich helfen, Kosten zu senken, während sich Profit und Qualität verbessern? Welches neue System könnte ich einführen? Welche neue Technologie kann ich nutzen, die dieser Firma einen Wettbewerbsvorsprung gibt?«

327

Der *zweite Schlüssel* zu finanzieller Meisterschaft ist, Deinen Reichtum zu erhalten. Der einzige Weg, dies zu tun, ist, weniger auszugeben, als Du verdienst, und die Differenz zu investieren.

Geld zu sparen ist ein erstrebenswertes Ziel, doch allein wird es Dir keinen ökonomischen Überfluß bringen. Der *dritte Schlüssel,* Deine Finanzen zu meistern, ist, Deinen Reichtum zu mehren. Um dies zu erreichen, mußt Du weniger ausgeben, als Du verdienst, die Differenz investieren und Deine Zinsen wieder investieren, um durch Zinseszinsen Wachstum zu erzielen. Zinseszinsen lassen Dein Geld für Dich arbeiten, indem sie es exponentiell vermehren. Die Geschwindigkeit, mit der Du finanzielle Unabhängigkeit erreichst, steht in direkter Proportion zu Deiner Bereitschaft, die Profite Deiner letzten Investition wieder zu investieren – nicht auszugeben.

Niemand möchte eine »Zielscheibe« sein. Der *vierte Schlüssel* zu finanzieller Meisterschaft ist, Deinen Reichtum zu schützen.

In der heutigen prozeßfreudigen Atmosphäre fühlen sich viele Menschen, die reich sind, tatsächlich unsicherer als zu jener Zeit, in der sie weniger hatten – einfach, weil sie wissen, daß sie jeden Augenblick verklagt werden können, manchmal aus vollkommen geringfügigen Gründen. Die gute Nachricht lautet, daß es legale Wege gibt, seinen Besitz zu schützen, solange jedenfalls, als Du noch nicht bereits in einen Prozeß verwickelt bist.

Hast Du es nötig, darüber nachzudenken, Deine Werte zu schützen? Selbst, wenn Du jetzt noch nicht mit diesem Thema befaßt bist, ist es nun an der Zeit, Experten zu konsultieren und Vorbildern zu folgen, genauso wie Du es auf jedem anderen wichtigen Gebiet Deines Lebens tun würdest.

330

Warte nicht zu lange, damit zu beginnen, Freude an ökonomischer Unabhängigkeit zu haben. Der *fünfte Schlüssel* zu finanzieller Meisterschaft ist, Deinen Reichtum zu genießen. Die meisten Menschen warten, bis sie eine gewisse Summe Geldes angehäuft haben, bevor sie anfangen, das Leben zu genießen. Doch solange Du nicht Freude mit Geldverdienen und Werte-Schaffen verbindest, wirst Du sie langfristig niemals halten. Belohne Dich deshalb gelegentlich mit einem Jackpot (Überraschungsbonus).

Berücksichtige auch den Zehnten. Indem Du einen Teil dessen, was Du verdienst, weggibst, bringst Du Dir selbst bei, daß Du mehr als genug hast.

Wahrer Reichtum ist ein Gefühl: Die Empfindung absoluten Überflusses. Geld hat keinen Wert, solange wir nicht seinen positiven Nutzen mit den Menschen, die uns am Herzen liegen, teilen. Und während wir andere Möglichkeiten entdecken, in Proportion zu unserem Einkommen zu helfen, finden wir eine der größten Freuden unseres Lebens.

Fange jetzt an, die Kontrolle über Deine finanzielle Zukunft zu übernehmen:

1. Laß Dir all Deine Glaubenssätze über Geld durch den Kopf gehen. Hinterfrage Deine einschränkenden Glaubenssätze und diejenigen, die Kraft spenden. Nutze die 6 Schritte des NAC, um Deine neuen Muster zu konditionieren!

2. Finde heraus, wie Du Deinem Unternehmen oder Arbeitgeber mehr geben kannst, ob Du dafür bezahlt wirst oder nicht. Beschließe wenigstens 10x mehr Wert zu geben, als Du es im Augenblick tust.

3. Verpflichte Dich, mindestens 10 % von Deiner Vergütung abzuziehen und in Dein Portfolio zu investieren.

4. Besorge Dir eine gute Anleitung, um intelligente Investitionsentscheidungen zu treffen.

5. Schaffe einen kleinen Jackpot, um Freude mit finanziellem Erfolg zu assoziieren. Für wen könntest Du etwas Besonderes tun? Wie könntest Du Dich selbst belohnen, weil Du heute angefangen hast?

332

Es ist großartig, eine Hierarchie der Werte zu haben, zu denen Du Dich bekennst. Doch wie weißt Du, ob Du auf der Basis von Tag zu Tag oder von Augenblick zu Augenblick wirklich danach lebst, wenn Du es nicht mißt?

Das Geben mag einer Deiner Spitzenwerte sein, doch wie beständig tust Du es? Liebe mag hoch oben auf Deiner Liste stehen, aber kannst Du nicht an Zeiten denken, zu denen Du nicht liebevoll warst?

Die Lösung ist einfach: Schaffe Deinen eigenen persönlichen Verhaltenskodex. Wie? Lies weiter ...!

Kannst Du Dich an das letzte Mal erinnern, als Du Dir absolut darüber klar warst, wie Du in jeder Situation zu handeln hattest, gleichgültig, welch' verrückte Sache auf Dich zukam? Die meisten von uns fühlen diese Art von Klarheit niemals, es sei denn, wir entscheiden uns im voraus für eine Reihe von Eigenschaften, die wir uns verpflichten anzunehmen und jeden Tag unseres Lebens zu leben. Diese sogar niederzuschreiben, einen persönlichen Verhaltenskodex zu kreieren, stattet uns mit einer hervorragenden Landkarte für alle Reisen des Lebens aus.

1. Mach eine Liste aller Zustände, zu denen Du Dich jeden Tag bekennst, um gemäß Deinen höchsten Prinzipien und Werten zu leben. Laß die Liste lang genug sein, um sicherzustellen, daß Du den Reichtum und die Vielfalt, die Du verdienst, erfahren kannst, doch kurz genug, so daß Du die Zustände auch wirklich jeden Tag erreichen kannst.

Dein Verhaltenskodex (Fortsetzung):

2. Schreibe neben jede Eigenschaft Deine
   Regel, an der Du erkennen wirst, daß
   Du sie fühlst. Zum Beispiel: »Ich bin
   fröhlich, wenn ich Menschen zulächle...«
   oder »Ich bin dankbar, wenn ich an all
   die guten Dinge denke, die ich in meinem Leben habe...«
3. Verpflichte Dich, jeden dieser Zustände
   mindestens 1x am Tag zu erfahren.
   Vielleicht möchtest Du Deinen Verhaltenskodex auf ein Stück Papier schreiben, das Du überall mit hinnehmen
   kannst oder Kopien davon auf Deinem
   Schreibtisch oder neben Deinem Bett
   haben. Gehe Deine Liste von Zeit zu
   Zeit durch und frage Dich: »Welchen
   dieser Zustände habe ich heute schon
   erfahren? Welchen noch nicht – und
   wie werde ich dies bis zum Ende des
   Tages erreichen?«

12. Abschnitt

Das höchste Geschenk

Geben

●

»Eines Tages, wenn wir die Winde,
die wehen,
die Gezeiten und die Schwerkraft
gemeistert haben,
werden wir in Gottes Auftrag die Energie
der Liebe nutzbar machen.
Dann wird die Menschheit zum
zweitenmal in der Geschichte der Welt
das Feuer entdeckt haben.«

Teilhard De Chardin

335

Für mehr als ein Jahrzehnt habe ich die Ehre gehabt, mit Menschen buchstäblich aller Stellungen im Leben – von priviligiert bis verarmt – gearbeitet zu haben. Etwas steht fest: Unabhängig von ihrer Position haben nur diejenigen, die die Kraft aufrichtigen und selbstlosen Gebens kennengelernt haben, die tiefste Freude des Lebens kennengelernt – wahre Erfüllung.

336

Wir sind alle dem Gefühl selbstlosen Gebens nahegekommen: Einem Freund eine helfende Hand zu reichen, einem Kind zu zeigen, wie es ein Problem lösen kann, einem Mitarbeiter bei einem schwierigen Problem zu helfen, einem älteren Menschen eine tückische Treppe hinunter zu helfen. Diese Erfahrungen geben uns einen Augenblick des Triumphes, in dem wir einen Schimmer unseres wahren Selbst erhaschen. Und es führt uns dazu, wahrhaftig ehrfürchtig jenen gegenüber zu sein, die beständig von sich selbst geben.

Dieser Abschnitt ist eine Einladung, ein »Ständig-Gebender« zu werden, einem beherzten Team beizutreten, das sich verpflichtet, das Geschenk der *Möglichkeiten* mit jenen zu teilen, die die Qualität ihres Lebens verbessern möchten.

Das Bewußtsein einer ganzen Nation erhielt einen Weckruf durch die einfachen, doch mutigen Taten eines einzigen Mannes. Als Sam LaBudde auf der Maria Louisa als Mannschaftsmitglied anheuerte, riskierte er sein Leben, um das Blutbad, das die Thunfischerei unter den Delphinen anrichtete, auf Video aufzunehmen.

1991 – nur vier Jahre später – kündigte der Welt größter Thunfisch-Konservenhersteller Starkist an, er werde nicht länger Thunfisch eindosen, der in Beutelnetzen gefangen werde. Andere Verarbeiter folgten ihm nur wenige Stunden darauf.

Der Kampf ist zwar noch nicht vorbei, doch die Unterstützung dieses Mannes rettete zahllosen Delphinen das Leben und hat ohne Frage ein wenig geholfen, das unglaublich empfindliche Gleichgewicht des Ökosystems wiederherzustellen.

Was könntest Du mit ein wenig Kreativität und mit Courage tun, das für andere eine Veränderung herbeiführt – vielleicht sogar für die Welt?

338

Wäre nicht übermenschliche Anstrengung erforderlich, um die Probleme der Welt zu lösen? Nichts ist weiter von der Wahrheit entfernt. Welche Ergebnisse wir auch immer erfahren, sie sind die Akumulationen einer Summe kleiner Entscheidungen, die wir als Einzelne, als Familie, als Gemeinde, als Gesellschaft, als Spezies getroffen haben.

Große Lösungen beginnen mit einzelnen Menschen, die kleinen, aber beständigen Einfluß nehmen, der sich dann zu weltweiter Veränderung aufbaut.

Jedes einzelne der nationalen und globalen Probleme, denen wir heute gegenüberstehen, ist von menschlichem Verhalten ausgelöst worden. Die gute Nachricht ist – daß wir die Kraft haben, dies zu verändern, da unser Verhalten die Wurzel der Ursache ist! Es gibt Taten, die jeder von uns in seinem eigenen Heim, seinem Geschäft und seiner Gemeinde vollbringen kann, die eine Kette spezieller, positiver Konsequenzen auslösen.

Die einzige Begrenzung Deiner Wirkung ist Deine Vorstellungskraft und Dein Engagement.

340

Wie schafft es ein Mensch, etwas zu verändern? Die Geschichte der Welt ist einfach eine Chronik der Taten einer kleinen Anzahl gewöhnlicher Menschen, die ein ungewöhnliches Maß an Engagament hatten. Diese einzelnen, die die Kraft hatten, einen bedeutenden Beitrag zur Qualität unseres Lebens zu leisten, nennen wir Helden.

Wie heißen Deine Helden?

Ich glaube, daß Du und ich – und wen wir auch immer treffen mögen – die angeborene Fähigkeit haben, ein Held zu sein, gewagte, mutige und edle Schritte zu wagen, um das Leben für andere besser zu machen, sogar wenn es kurzfristig so aussieht, als gehe es auf unsere Kosten.

Die Fähigkeit, das Richtige zu tun, zu wagen, einen Standpunkt zu beziehen und etwas zu verändern, liegt in Dir. Die Frage ist: Wenn dieser Augenblick kommt, wirst Du Dich daran erinnern, daß Du ein Held bist, und selbstlos diejenigen unterstützen, die es brauchen?

342

Schwierigkeiten zu überwinden ist die Feuerprobe, die die Persönlichkeit formt.

Du magst annehmen, daß Mutter Theresa für das Heldentum geboren wurde. Doch als eine lehrende Nonne in einem relativ reichen Viertel von Kalkutta kam sie kaum in die ärmeren Teile der Stadt. Eines Abends jedoch hörte sie die Schreie einer sterbenden Frau. Mutter Theresa eilte ihr zur Hilfe und verbrachte die Nacht damit, in den verschiedenen Hospitälern der Stadt erfolglos nach Hilfe zu suchen. Als die Frau schließlich in ihren Armen starb, war Mutter Theresas Leben verändert. In einem entscheidenden Augenblick, vielleicht dem göttlichen Augenblick, schwor sie, solange sie lebe, würde niemand in ihrer Nähe jemals wieder ohne Würde und Liebe sterben.

Gibt es in Deinem Leben eine spezielle Zeit, die Du als den entscheidenden Moment deuten kannst?

344

Was macht einen Helden aus? Ein Held ist eine Person, die mutig gibt, sogar unter widrigsten Umständen; ein Held ist ein Individuum, das selbstlos handelt und mehr von sich fordert, als andere erwarten; ein Held ist jemand, der Mißgeschick besiegt, indem er – trotz seiner Angst – das tut, was er für richtig hält.

345

Ein Held ist nicht jemand, der »perfekt« ist. Wäre dies unser Standard, hätten wir keine Helden. Wir machen alle Fehler, aber das entkräftet nicht, was wir im Verlauf unseres Leben gegeben haben. Perfektion ist kein Heldentum, aber Menschlichkeit ist es.

346

Wie können wir riesige soziale Themen an-
gehen? Wisse, daß in jedem von uns das
Licht des Heldentums schimmert, das nur
darauf wartet, zu einer mächtigen Flamme
entfacht zu werden. Der erste Schlüssel ist,
uns nach höheren Prinzipien zu richten und
dieses Versprechen einzuhalten.

Wenn die Probleme der Gesellschaft übermächtig scheinen, kann jeder von uns die sofortige Kontrolle übernehmen, indem wir unsere Überzeugungen ändern. Das wichtigste ist, daß wir aufhören zu glauben, daß die Herausforderungen, denen wir gegenüberstehen, andauernd und allumfassend sind, so daß die Handlungen eines einzelnen nicht ins Gewicht fallen. Gab Gandhi auf, weil er nur ein Mann war? Opferte Mutter Theresa ihre Leidenschaft, weil sie nur eine Nonne war, die gegen den Schmerz der Armen kämpfte? Hat Ed Roberts unter dem Druck, nur ein einsamer Anwalt für die Rechte der Behinderten zu sein, nachgegeben?

Tu heute etwas, um zu zeigen, daß Deine Handlungen eine Wirkung haben. Melde Dich in Deinem örtlichen Krankenhaus, um Crack-Babies zu trösten, bringe Obdachlosen ein Abendbrot ... hilf einem Erwachsenen, lesen zu lernen ... zeige einer Teenager-Mutter, wie man mit Kindern umgeht ... bringe einen Strauß Luftballons in ein Altenheim ...

348

Was könnte geschehen, wenn Du eine Freundschaft mit einem Obdachlosen schließt und ihm ein Erlebnis schenkst, das er lange Zeit nicht – vielleicht sogar nie – gehabt hat? Wie mag sich ein Mensch, der auf der Straße lebt, nach einem Gang ins Kino oder in den Schönheitssalon fühlen? Als etwas Besonderes? Umsorgt? Wertvoll? Denke daran, daß neue Referenzen den Stoff für neue Überzeugungen und Identitäten liefern! Denke daran, daß sich kleine Anstrengungen zu riesigen Resultaten aufaddieren können.

Tue diese Woche etwas: Entscheide jetzt, was Du tun wirst, plane es und laß es geschehen! Ich verspreche Dir, daß der Lohn des Gebens jede Anstrengung, die Du machen wirst, weit übertrifft!

Unsere alltäglichen Entscheidungen werden die Welt formen, die wir an zukünftige Generationen übergeben. Was legst Du auf Deinen Abendbrot-Teller? Welche Kosmetik benutzt Du? Welche Haushaltswaren kaufst Du? Diese Lebensstil-Entscheidungen bestimmen in einer geringen, aber unleugbaren Weise zum Beispiel, wieviel Kohlendioxid in unsere Atmosphäre abgegeben wird und wieviele Pflanzen- und Tierarten jeden Tag ausgerottet werden.

Aus demselben Grund können die Entscheidungen, die Du jeden Tag triffst, helfen, die Vernichtung des Regenwaldes zu stoppen, das Gleichgewicht unseres Ökosystems auszubalancieren und ein Vermächtnis der Hoffnung für zukünftige Generationen zu schaffen.

350

Wie können wir die Zukunft unserer Kinder beeinflussen? Wir können zunächst einmal eine aktive Rolle bei der Bestimmung der Qualität ihrer Erziehung spielen.

Könnten die Lehrer Deiner Kinder profitieren, wenn sie ebenfalls verstehen würden, was Du durch dieses Buch gelernt hast? Bedenke die Kraft der Fragen, globalen Metaphern, Transformations-Vokabeln, Werte, Regeln, der NAC. Indem Du weitergibst, was Du weißt, kannst Du wirklich eine Wirkung erzielen.

Wenige Dinge sind gefährlicher, als Deine Kinder in die Falle rennen und sie glauben zu lassen, daß das, was sie tun, nicht zähle. Lehre sie die Konsequenzen ihrer Handlungen. Zeige ihnen, daß sogar kleine Entscheidungen und Taten, beständig wiederholt, weitreichende Wirkungen haben.

Auf welche Weise kannst Du heute ein inspirierendes Vorbild sein? Wie kannst Du ihnen die Kraft, sich für eine gute Sache einzusetzen, die Kraft von Integrität, von Engagement nahebringen? Wie kannst Du ihnen vormachen, was möglich ist?

352

Wir müssen nicht warten, bis wir einen grandiosen Meister-Plan entwickelt haben, um etwas zu verändern. Wir können sofort etwas bewirken, indem wir die kleinsten Dinge tun, das, was oft so unwichtig aussieht. Es stimmt, die meisten unserer Helden scheinen hinter kleinen Taten verborgen zu sein, die aber tun sie beständig. Sieh Dich um. Da sind überall Helden!

353

Wie würdest Du Dich fühlen, wenn jemand in Deiner Gegenwart eine Herzattacke hätte und Du, in Erster Hilfe ausgebildet, wüßtest, was zu tun ist? Was, wenn Deine gebündelte Anstrengung ein Leben retten würde?

Das Gefühl des Mitgewirkthabens, das Du aus dieser Erfahrung ziehen würdest, wird Dir ein größeres Empfinden von Erfüllung und Freude geben als alles andere, was Du bisher in Deinem Leben gefühlt hast – größer als jede Anerkennung, die Dir jemand möglicherweise geben könnte, größer als alles Geld, das Du möglicherweise verdienen könntest, größer als jeder Erfolg, den Du möglicherweise haben kannst.

Schreibe Dich heute in einen Erste-Hilfe-Kurs ein, so daß Du – sollte der Notfall eintreten und jemand Deine Hilfe brauchen – helfen kannst!

Etwas so Einfaches wie ein Lächeln kann den Tag eines Menschen verändern. Wie wäre es, wenn Du in einem Lebensmittelladen bist und – statt ziellos von den Artischocken zu den Zucchinis zu wandern – tatsächlich jeden Menschen bemerken und ihm, während Du vorrübergehst, ein Lächeln schenken würdest?

Wie wäre es, wenn Du Freunden ehrliche Komplimente machst? Kannst Du ihren emotionalen Zustand augenblicklich so verändern, daß das Lächeln oder Kompliment dem nächsten Menschen, den sie sehen, weitergereicht werden kann? Kann durch diese eine Tat ein Dominoeffekt in Gang gesetzt werden?

Wie könnte dies alles, würdest Du es tun, Deinen mentalen, emotionalen Zustand, Deine wahre Identität, beeinflussen?

Wie wäre es, wenn Du Dich auf dem Heimweg von der Arbeit entscheiden würdest, bei einem Altenheim zu halten und dort mit jemandem ein Gespräch anzufangen? Wie würde dieser Mensch sich fühlen, wenn Du ihn fragst: »Wie lauten einige der wichtigsten Lektionen, die Du in Deinem Leben gelernt hast?« Ich wette, er hätte Dir viel zu erzählen!

Wie wäre es, wenn Du an Deinem Kreiskrankenhaus anhalten würdest, einen Patienten besuchst und ihm hilfst, seinen Nachmittag zu erhellen? Was glaubst Du würde es für eine einsame Seele bedeuten, wenn sich ein Fremder um sie oder ihn kümmert? Wie würde sich dieser Mensch dadurch fühlen?

Wie würdest Du Dich fühlen, was würdest Du von Dir und diesem Geschenk, genannt »Leben«, halten?

356

Warum haben so viele Menschen Angst, die geringste Anstrengung zu unternehmen, anderen Menschen zu helfen? Einer der häufigsten Gründe ist, daß sie einfach nur verlegen sind. Sie haben Angst, man könne sie zurückweisen oder sie könnten albern aussehen. Wenn Du das Spiel des Lebens spielen und gewinnen willst, dann mußt Du mit vollem Einsatz spielen. Du mußt bereit sein, Dir dumm vorzukommen, und Du mußt bereit sein, Dinge zu probieren, die schiefgehen können. Denn wie könntest Du sonst etwas Neues einführen, wie könntest Du sonst wachsen, wie könntest Du sonst entdecken, wer Du wirklich bist?

357

In unserem tiefsten Innern möchten wir alle das tun, von dem wir glauben, daß es richtig ist, möchten über uns hinauswachsen, mit unserer Energie, Zeit, unserem Gefühl und Geld eine Sache unterstützen, die größer ist als wir. Wir reagieren nicht nur auf unsere psychologischen Bedürfnisse, sondern auch auf unseren moralischen Imperativ, mehr zu tun und mehr zu sein, als irgend jemand erwarten könnte. Nichts gewährt uns ein größeres Gefühl der persönlichen Befriedigung als das Geben.

Auf welche Weise gibst Du selbstlos?

358

Ist Dir bewußt, daß, würde jedermann im Land (mit Ausnahme der ganz jungen und der Älteren) in der Woche nur 3 Stunden freiwillige, unbezahlte Arbeit leisten, eine Nation die Ernte von 320 Millionen dringend gebrauchter Arbeitsstunden einfahren könnte? Wenn jeder von uns 5 Stunden beisteuerte, würde die Zahl auf über 1/2 Milliarde anwachsen, mit einem Geldwert-Äquivalent in den Billionen.

Was glaubst Du, welche sozialen, politischen oder medizinischen Probleme wir mit dieser Form des Engagements bewältigen könnten?

359

Suche nicht nach Helden.
Sei einer!

360

Das Leben ist ein Gleichgewicht zwischen Geben und Erhalten, zwischen den Sorgen für Dich und dem Sorgen für andere.

Wenn Du das nächstemal jemanden in Not siehst, laß Dich von dem, was Du tun kannst, anregen, statt einfach vorüberzugehen oder Dich schuldig zu fühlen, weil Du nicht in der Lage bist zu helfen. Vielleicht kannst Du etwas so Einfaches wie ein freundliches Wort oder ein Lächeln geben, das diesem Menschen helfen wird, anders über sich zu denken. Vielleicht kannst du diesem Menschen damit helfen zu beginnen, sich geschätzt und geliebt zu fühlen.

Lebe Dein Leben aus dem vollen, solange Du da bist. Probier alles aus. Sorge für Dich und Deine Freunde. Hab Spaß, sei verrückt, sei ein Zauberer! Geh raus und hau daneben! Gehen tust Du sowieso, dann kannst Du auch Spaß dabei haben! Nimm die Gelegenheit wahr, von Deinen Fehlern zu lernen!

Finde den Grund Deiner Probleme heraus und merze ihn aus. Versuche nicht, perfekt zu sein, sei nur ein wunderbares Beispiel des Menschlichseins.

362

Eines der größten Geschenke, das wir von unserem Schöpfer bekommen haben, ist das Geschenk von Erwartung und Ungewißheit. Wie langweilig wäre das Leben, wenn wir im voraus wüßten, wie alles ausgehen würde.

Im nächsten Moment kann etwas geschehen, das die ganze Richtung und Qualität Deines Lebens im Handumdrehen ändern kann. Wir müssen lernen, den Wechsel zu lieben, denn er ist die einzige Sache, die sicher ist.

Was kann Dein Leben verändern? Viele Dinge: Ein Augenblick tiefer Gedanken und einige wenige Entscheidungen, wenn Du dieses Buch beendet hast, können alles verändern. Genauso kann es eine Unterhaltung mit einem Freund, ein Tonband, ein Seminar, ein Film oder ein großes, fettes, saftiges Problem sein, das Dich veranlaßt zu wachsen und mehr zu werden. Dies ist das Erwachen, das Du suchst. So lebe in einer Haltung positiver Erwartung, wissend, daß alles, was im Leben geschieht, Dir auf eine bestimmte Weise hilft. Wisse, daß Du auf einen Weg des nie-endenden Wachsens und Lernens geführt wirst und mit ihm auf den Pfad ewiger Liebe.

364

Denke daran, Du darfst Wunder erwarten,
denn Du bist eines.

365

Sei ein Träger des Lichts und eine Kraft des Guten. Teile Deine Gaben, teile Deine Leidenschaft. Möge Gott Dich segnen.

Ich freue mich darauf, Dich bald persönlich zu treffen!

Mit Liebe und Respekt,
Anthony Robbins

Die Anthony-Robbins-Gesellschaften

Als eine Allianz mehrerer Organisationen, die sich derselben Mission verschrieben haben, sind die Anthony-Robbins-Gesellschaften (ARC) der stetigen Verbesserung der Lebensqualität einzelner und ganzer Organisationen, die dies wirklich wünschen, verpflichtet. ARC bietet allerneueste Techniken für das Management menschlicher Gefühle und Verhaltens an und gibt einzelnen damit die Kraft, ihre unbegrenzten Möglichkeiten zu erkennen und zu nutzen.

Hier sind nur einige der nützlichen Ressourcen angeführt, die ARC Ihnen oder Ihrer Organisation anbietet. Für weitere Informationen und eine vollständige Liste aller erhältlichen Dienstleistungen und Produkte rufen Sie bitte folgende Nummer an: 001-800-445-8183.

Robbins Research International, Inc.

Dieser Forschungs- und Maketingzweig des Anthony-Robbins-Beratungs- und Persönlichkeitsentwicklungs-Unternehmens führt weltweit öffentliche und firmeninterne Schulungen durch. Die Themen erstrecken sich von Spitzenleistung und finanzieller Meisterschaft bis zu Verhandlungstechniken und dem Neugestalten ganzer Unternehmen.

Anthony-Robbins-Foundation™ (Stiftung)

Dies ist eine wohltätige Organisation, die sich verpflichtet hat, beständig jene Menschen anzusprechen, die von der Gesellschaft vergessen wurden – Obdachlose, Alte, Kinder und die Insassen der Gefängnisse – und ihnen zu helfen. Die Anthony-Robbins-Foundation und ihre freiwilligen Helfer bringen diesen Menschen die besten Hilfsmittel, damit sie die Kraft von Inspiration, Erziehung, Training und persönlicher Entwicklung entdecken können.

Persönliche Entwicklung:
30 Tage zum Erfolg™

Das Personal-Power-Programm besteht aus einem Satz von 24 Kassetten, die Dich 30 Tage lang Schritt für Schritt durch einen Entwicklungsprozeß führen, der Dir hilft, spezielle mentale, emotionale, physische und finanzielle Veränderungen zu erreichen. Die Techniken und Strategien sind sofort umzusetzen, und die Aktionen jedes einzelnen Tages bringen Dir jene Antriebskraft, die Du brauchst, um die Qualität Deines Leben zu verbessern.

Anthony Robbins' Power Talk!™

Jeden Monat interviewt Anthony Robbins eine(n) der erfolgreichsten Männer oder Frauen unserer Zeit (z.B. Norman Cousins, Sir John Templeton, Ken Blanchard). In diesen Interviews arbeitet er die Strategien ihrer Leistungen, sei es auf dem Gebiet der Menschenführung, der physischen Vitalität und Gesundheit oder des finanziellen Erfolgs, heraus. Mit jeder Ausgabe von Power

Talk! erhalten Sie außerdem eine zweite Kassette, auf der Anthony Robbins Sie mit seinen neuesten Strategien vertraut macht, mit denen Sie Ihr persönliches und berufliches Leben verbessern können. Ebenso enthält Power Talk! eine mehr als zwanzigseitige Zusammenfassung eines Bestsellers, so daß Sie sich über die neuesten Entwicklungen am Markt auf dem laufenden halten können.

Robbins Research International, Inc.
9191 Towne Centre Drive
Suite 600
San Diego, CA 921222
001-800-445-8183.

Ratgeber

Was nützt Inspiration, wenn ihr keine Handlungen folgen?

Basierend auf den besten Werkzeugen, Techniken, Prinzipien und Strategien, die in »Das Robbins-Power-Prinzip – Wie Sie Ihre wahren inneren Kräfte sofort einsetzen« vorgestellt werden, liefert uns Bestseller-Autor und Hochleistungs-Consultant Anthony Robbins tägliche Inspirationen, verbunden mit kleinen Aktionen – Übungen –, die Sie veranlassen werden, bei der Gestaltung Ihres Lebens riesige Schritte nach vorn – in Richtung Lebensqualität – zu machen.

Von der einfachen Kraft, Entscheidungen zu treffen, bis zu den etwas spezielleren Methoden, die die Qualität Ihrer Beziehungen, Finanzen, Gesundheit und Gefühle verbessern können, zeigt Ihnen Robbins, wie Sie maximale Ergebnisse mit minimalem Zeitaufwand erzielen.

»Robbins' ›Erfolgsschritte‹ ist der ultimative Spielplan für's Leben. Es ist eine emotionale, interaktive Einführung in den persönlichen und beruflichen Erfolg.«

Peter Guber, Vorstandsvorsitzender, Sony Pictures Entertainment

»Mit ›Erfolgsschritte‹ habe ich jetzt jeden Tag Zugang zu Anthony-Robbins-Technik und fühle mich, als hätte ich einen speziellen Coach an meiner Seite, der mich unterstützt und veranlaßt, nach den höchsten Höhen von Kreativität, Führerschaft und Menschlichkeit zu streben.«

Ken Blanchard, Autor der Bestseller-Reihe »Der Minuten-Manager« und »Raving Fans«.

Anthony Robbins ist der Autor der Bestseller »Das Power-Prinzip – Grenzenlose Energie« (Heyne TB 08/9626) und »Das Robbins-Power-Prinzip – Wie Sie Ihre wahren inneren Kräfte sofort einsetzen« (Heyne TB 08/9672). In den vergangenen zehn Jahren wurden 24 Millionen seiner Lehr-Kassetten vertrieben, und seine »Persönliche Power«-Fernsehshow wurde von einem Drittel aller Amerikaner gesehen. Anthony Robbins ist ein erfolgreicher Geschäftsmann, ein Spitzenconsultant für Organisationen, einzelne, professionelle Sport-Teams und der Gründer von neun Firmen.

Heilgeheimnisse der Natur

David Hoffmann

Das Findhorn-Kräuter-Heilbuch

Heilpflanzen und geistige Heilung – das Handbuch zum kundigen Umgang mit den Geschenken der Natur

ESOTERISCHES WISSEN

08/9606

Wilhelm Heyne Verlag
München

HEYNE
BÜCHER

Louise L. Hay

»Nur wer sich selbst akzeptiert und liebt, kann gesund werden und anderen Gesundheit bringen.« Louise L. Hay

Louise L. Hay

Gesundheit für Körper und Seele

Wie Sie durch mentales Training Ihre Gesundheit erhalten und Krankheiten heilen

ESOTERISCHES WISSEN

08/9542

Außerdem erschienen:

Das Körper- und Seele-Programm
Ein Arbeitsbuch zur mentalen Heilung
08/9588

Wahre Kraft kommt von Innen
08/9604

Umkehr zur Liebe, Rückkehr zum Leben
Ein Buch zur Selbsthilfe
08/9613

Du bist Dein Heiler!
Stärkende Gedanken für jeden Tag
08/9905

Liebe das Leben wie Dich selbst
Neue Meditationen
08/9921

Wilhelm Heyne Verlag
München

HEYNE BÜCHER

Norman Vincent Peale

*Positive Gedanken
für jeden Tag*

Heyne-Taschenbücher